© 2010 Jarkko Juntunen

Ulkoasu, kuvat, teksti ja taitto: Jarkko Juntunen
Kustantaja: Books on Demand GmbH, Helsinki, Suomi
Valmistaja: Books on Demand GmbH, Norderstedt, Saksa
ISBN: 978-952-498-235-1

Täällä

Tietonne tuskasta, tunteista,
toivat teidät tänne.
Tummien taivaiden taikametsään,
toivon tähtien taakse.

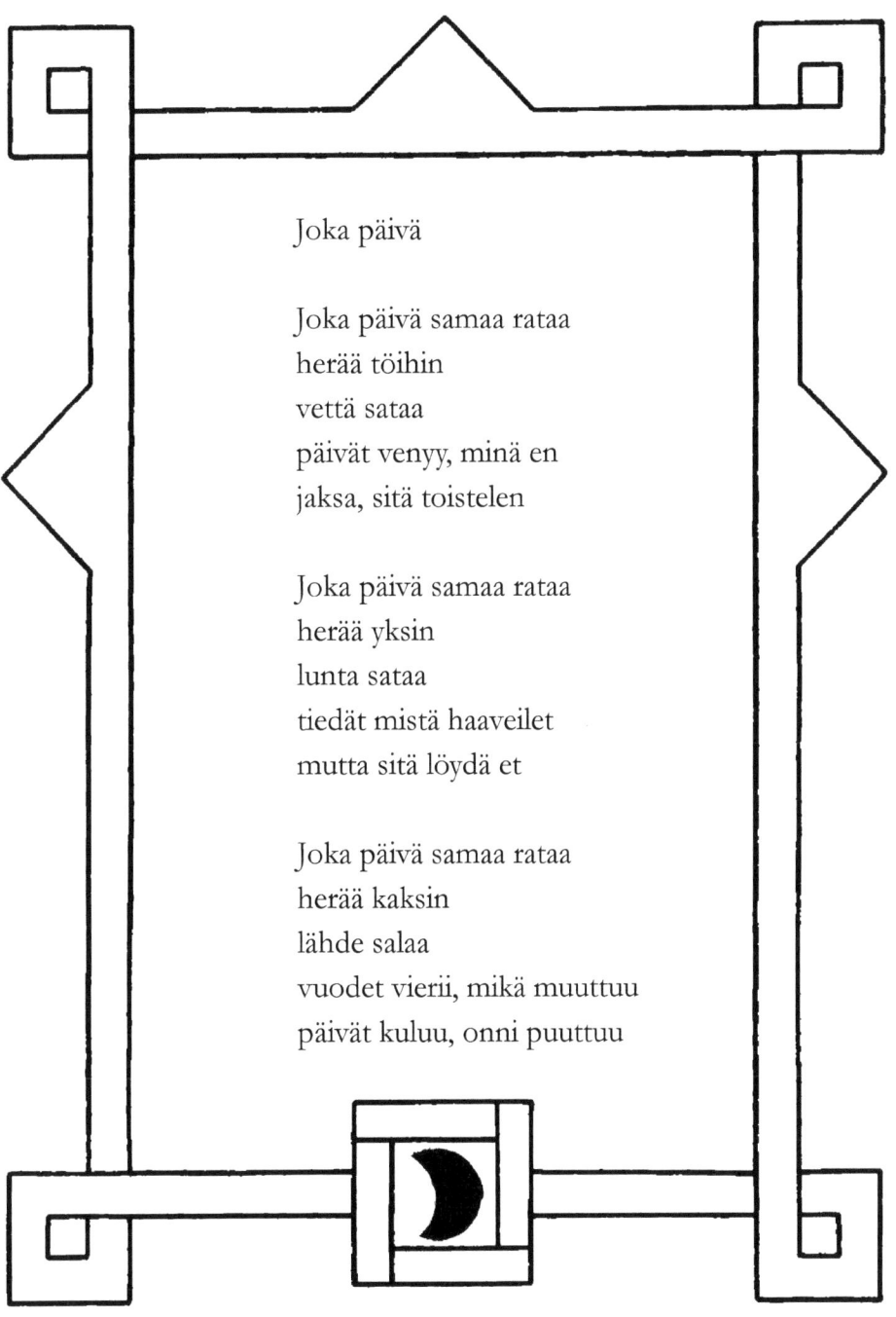

Joka päivä

Joka päivä samaa rataa
herää töihin
vettä sataa
päivät venyy, minä en
jaksa, sitä toistelen

Joka päivä samaa rataa
herää yksin
lunta sataa
tiedät mistä haaveilet
mutta sitä löydä et

Joka päivä samaa rataa
herää kaksin
lähde salaa
vuodet vierii, mikä muuttuu
päivät kuluu, onni puuttuu

Valun

Minä valun läpi päivän,
jokaikisen.
Että jälleen päivän jälkeen,
näkisin taas huomisen.
Ja kun huomaan etten jaksa,
suljen ajatuksen sen.
Tiedän että päivän jälkeen,
levätä voin hetkisen.

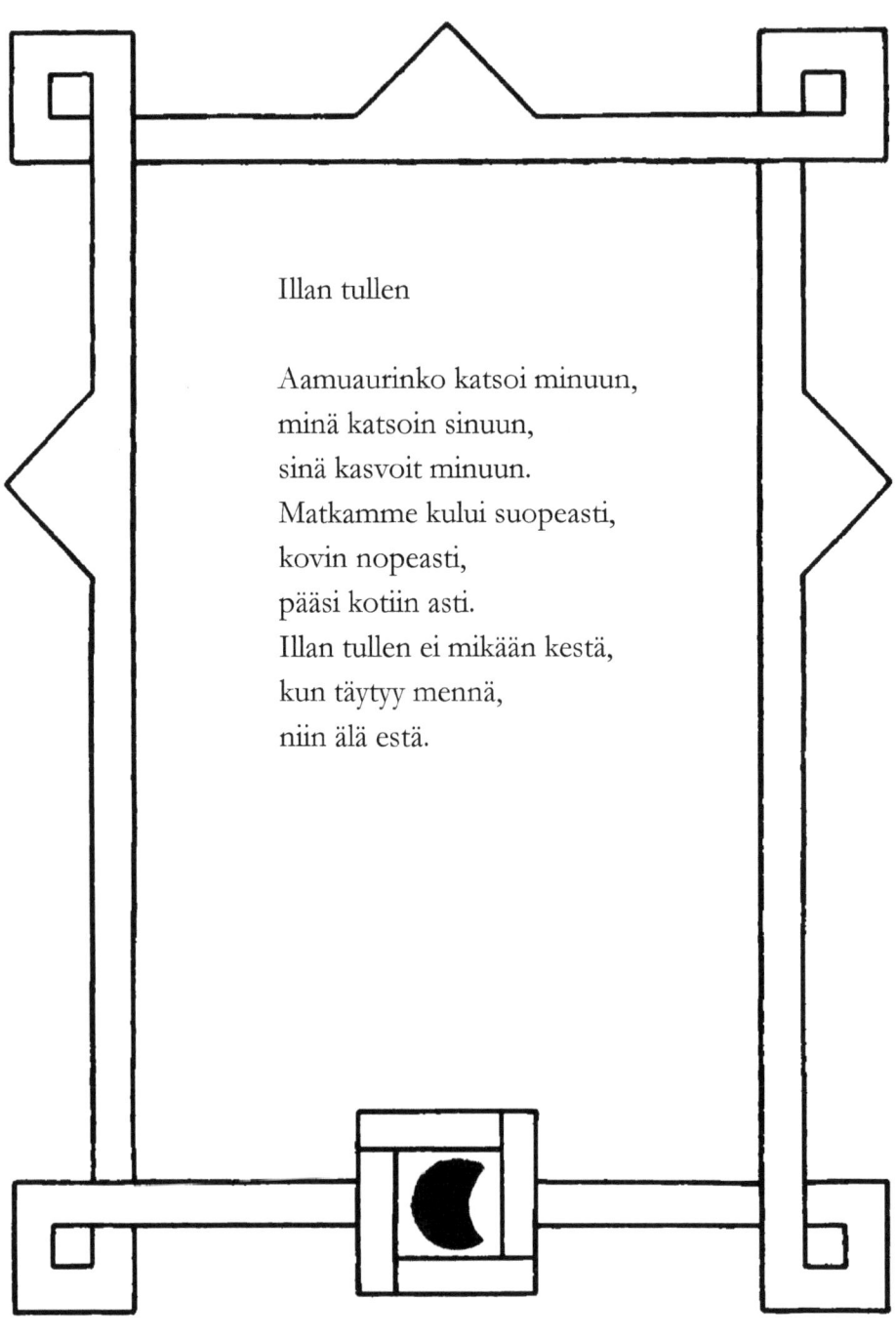

Illan tullen

Aamuaurinko katsoi minuun,
minä katsoin sinuun,
sinä kasvoit minuun.
Matkamme kului suopeasti,
kovin nopeasti,
pääsi kotiin asti.
Illan tullen ei mikään kestä,
kun täytyy mennä,
niin älä estä.

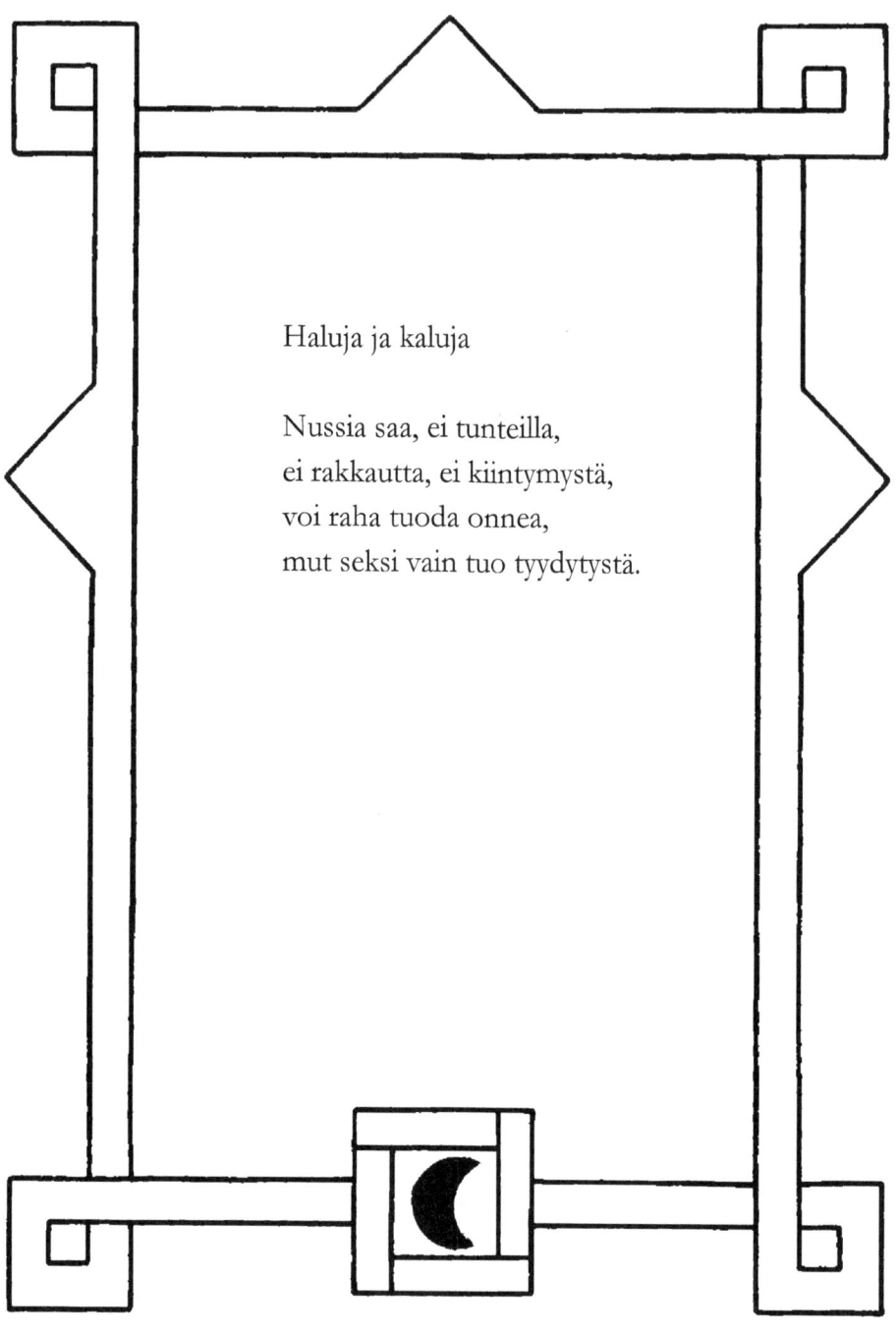

Haluja ja kaluja

Nussia saa, ei tunteilla,
ei rakkautta, ei kiintymystä,
voi raha tuoda onnea,
mut seksi vain tuo tyydytystä.

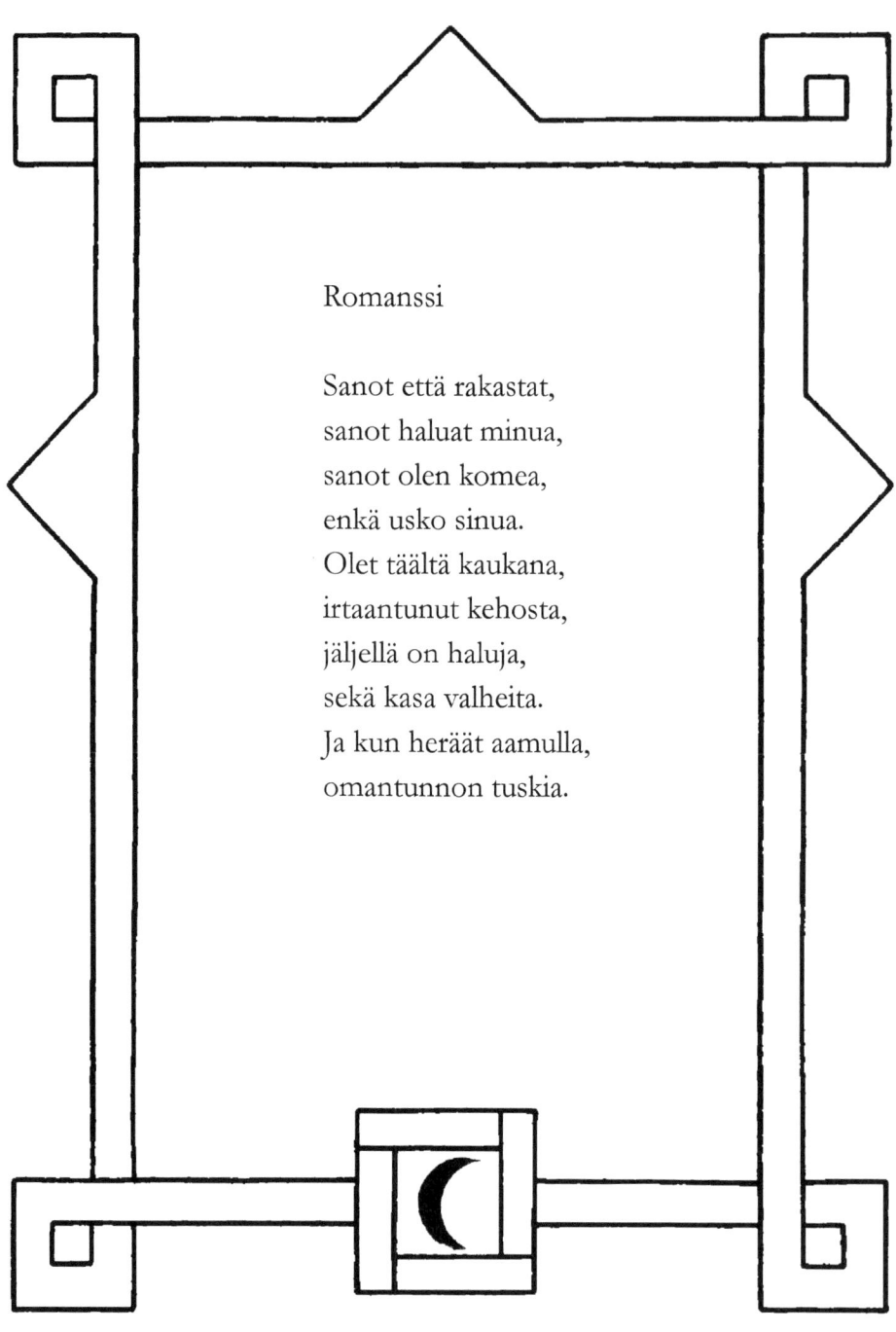

Romanssi

Sanot että rakastat,
sanot haluat minua,
sanot olen komea,
enkä usko sinua.
Olet täältä kaukana,
irtaantunut kehosta,
jäljellä on haluja,
sekä kasa valheita.
Ja kun heräät aamulla,
omantunnon tuskia.

Kello

Turha on mun nukkua,
levätä voin huomenna,
aikaa ei saa tuhlata,
kun täytyy olla menossa.
Mut kiire on myös huomenna,
levätä voin haudassa,
kello ei mua odota,
se kiristää vain tahtia.

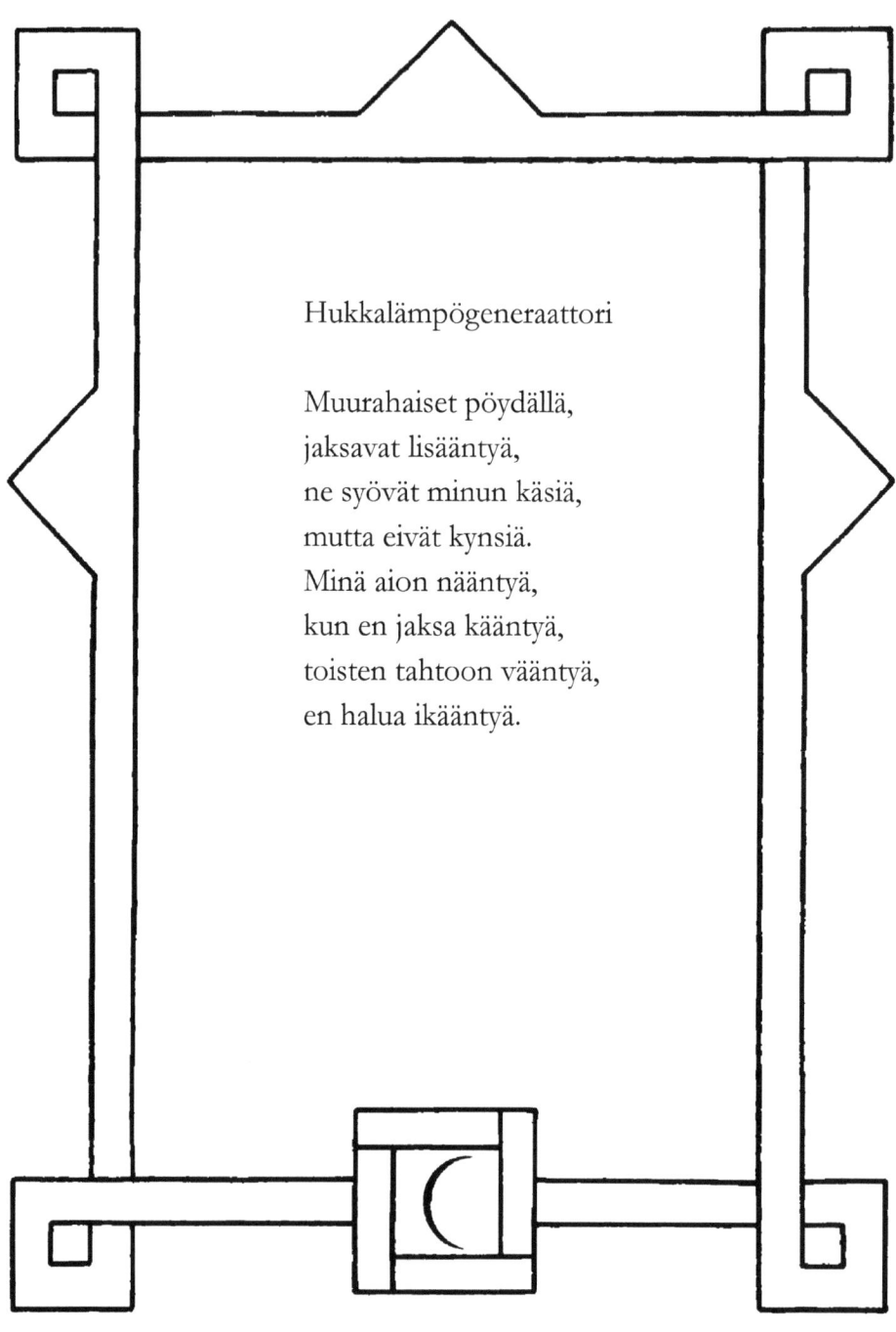

Hukkalämpögeneraattori

Muurahaiset pöydällä,
jaksavat lisääntyä,
ne syövät minun käsiä,
mutta eivät kynsiä.
Minä aion nääntyä,
kun en jaksa kääntyä,
toisten tahtoon vääntyä,
en halua ikääntyä.

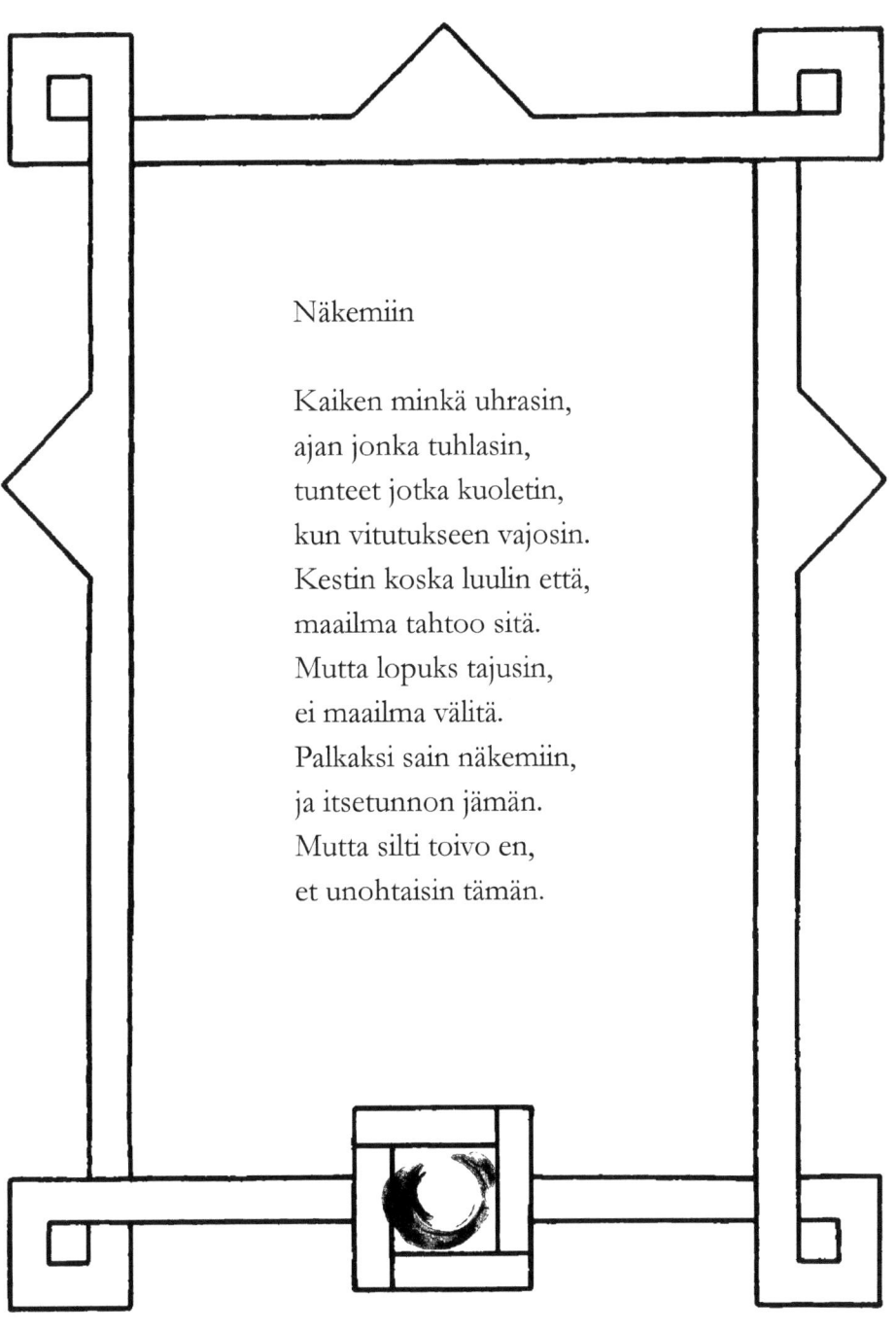

Näkemiin

Kaiken minkä uhrasin,
ajan jonka tuhlasin,
tunteet jotka kuoletin,
kun vitutukseen vajosin.
Kestin koska luulin että,
maailma tahtoo sitä.
Mutta lopuks tajusin,
ei maailma välitä.
Palkaksi sain näkemiin,
ja itsetunnon jämän.
Mutta silti toivo en,
et unohtaisin tämän.

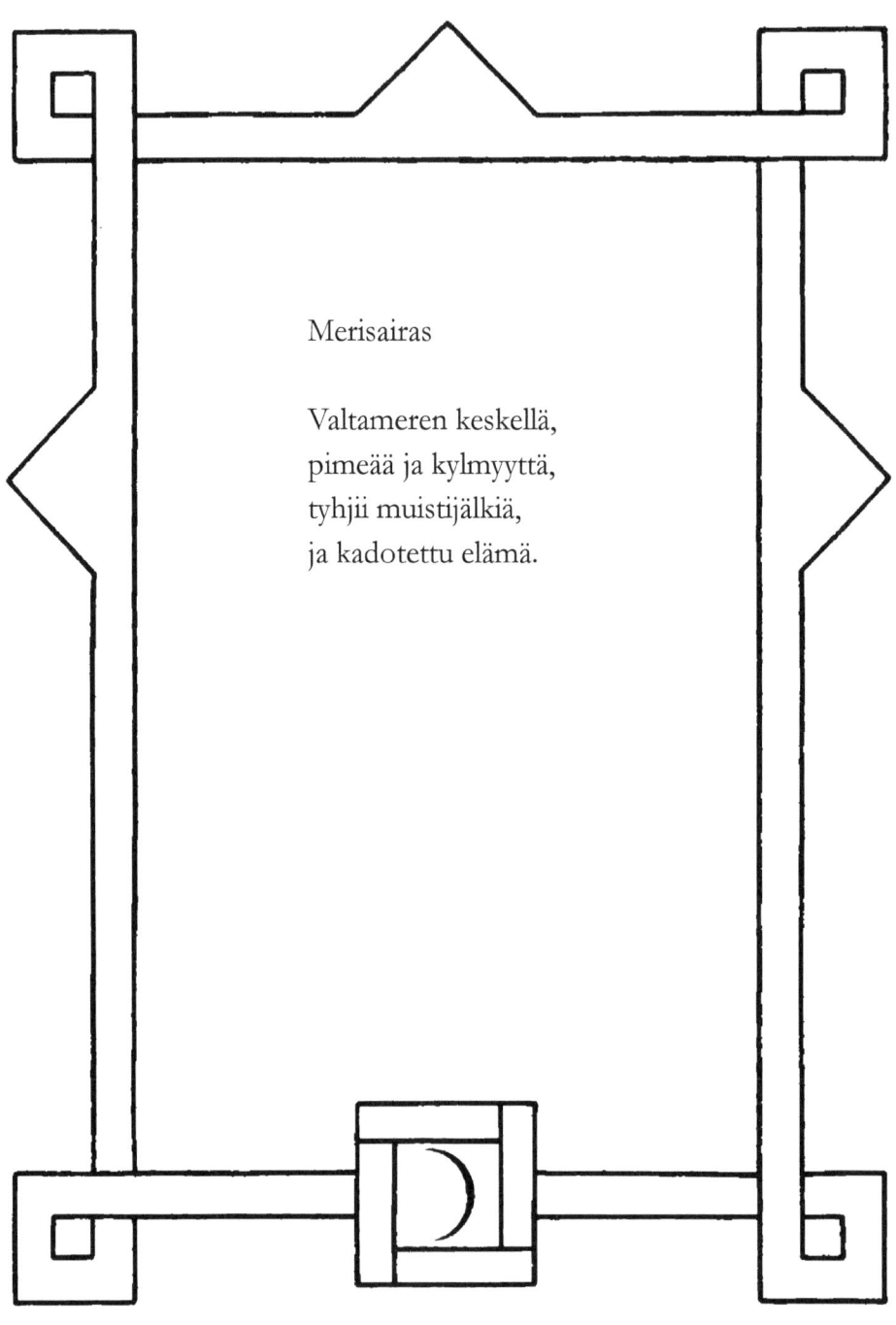

Merisairas

Valtameren keskellä,
pimeää ja kylmyyttä,
tyhjii muistijälkiä,
ja kadotettu elämä.

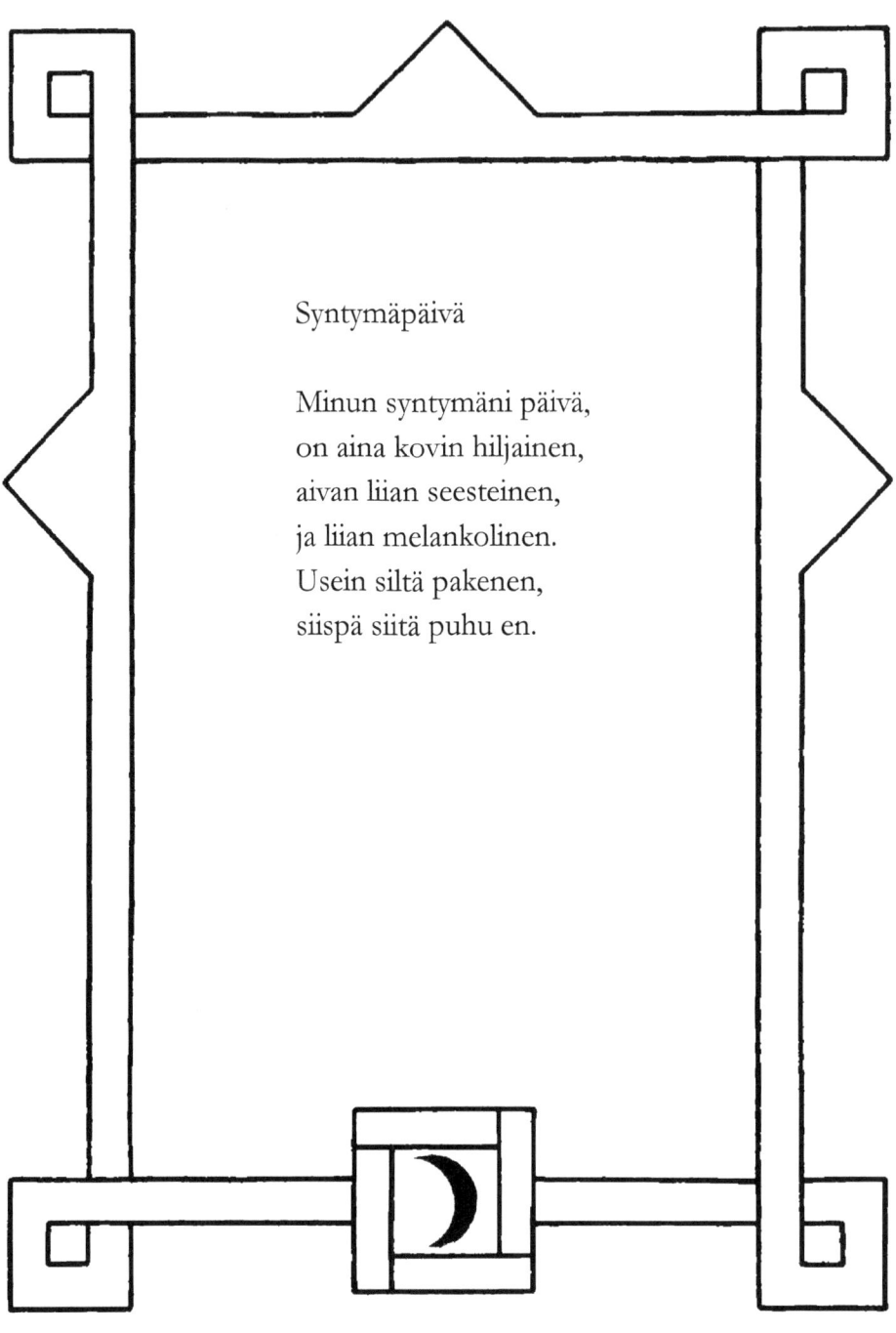

Syntymäpäivä

Minun syntymäni päivä,
on aina kovin hiljainen,
aivan liian seesteinen,
ja liian melankolinen.
Usein siltä pakenen,
siispä siitä puhu en.

Joskus

Joskus sua rakastin,
mut liian kauan odotin,
muistoni mä kadotin,
ja tunteeni mä jäädytin.

Tärkeä

Sinä olet tärkeä
mut tässä ei oo järkeä
oot enemmän kuin ystävä
pidä mua lähellä

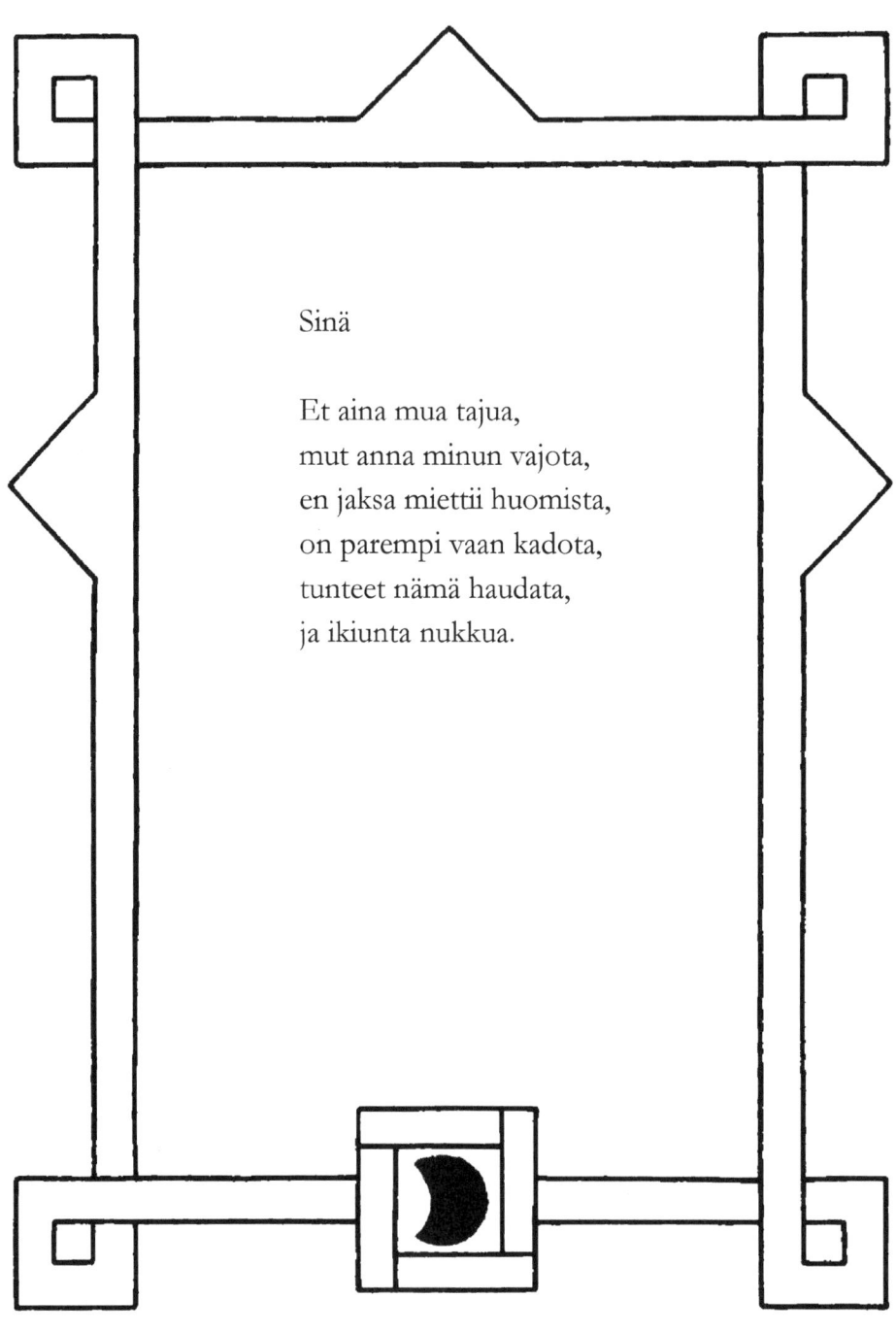

Sinä

Et aina mua tajua,
mut anna minun vajota,
en jaksa miettii huomista,
on parempi vaan kadota,
tunteet nämä haudata,
ja ikiunta nukkua.

Minä

En aina sua tajua,
mut aina jaksan kuunnella,
kuinka vihaat kaikkea,
voi kuinka onkaan surullista,
et osaa sä vaan nauttia,
se ei ole sulle luonnollista.

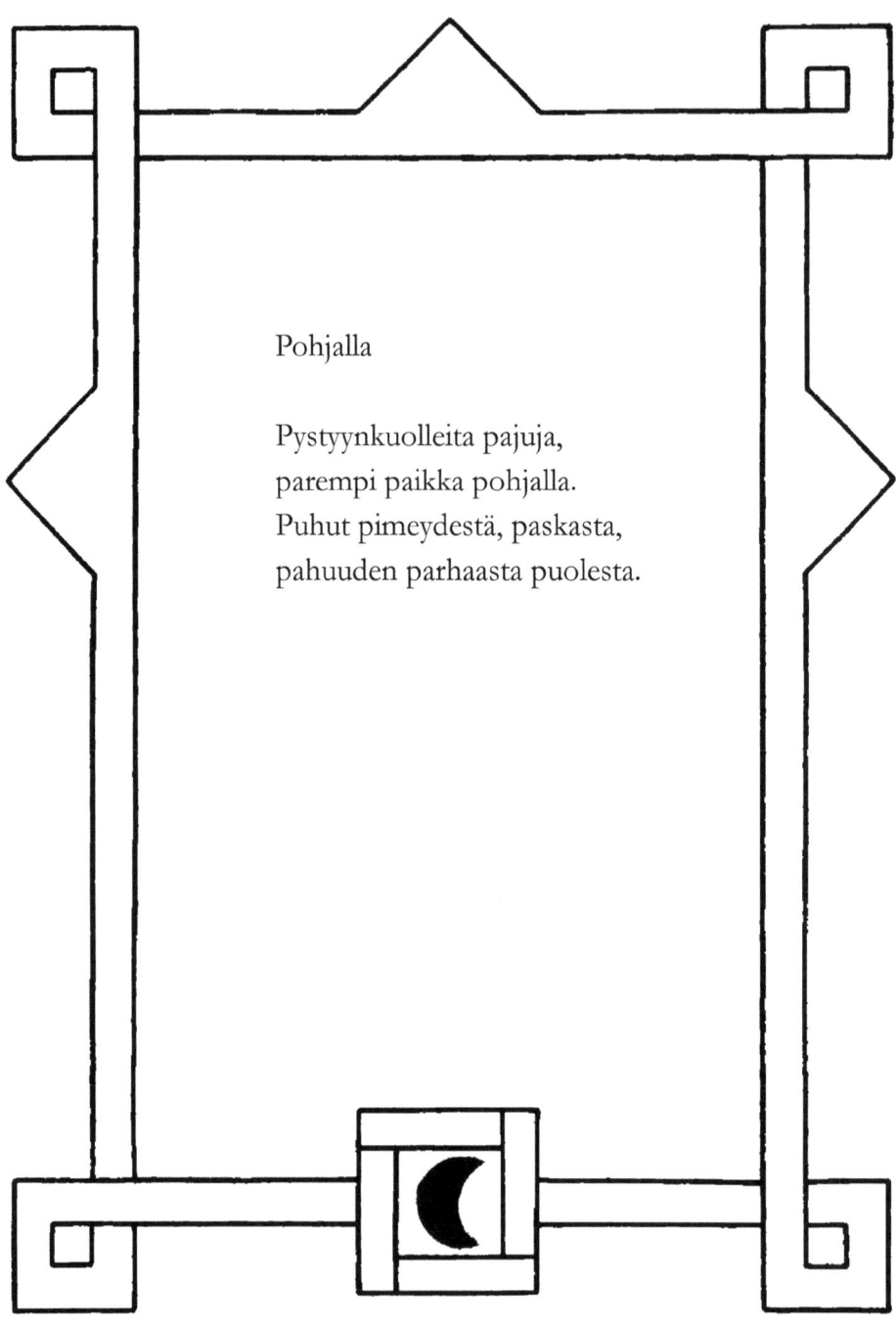

Pohjalla

Pystyynkuolleita pajuja,
parempi paikka pohjalla.
Puhut pimeydestä, paskasta,
pahuuden parhaasta puolesta.

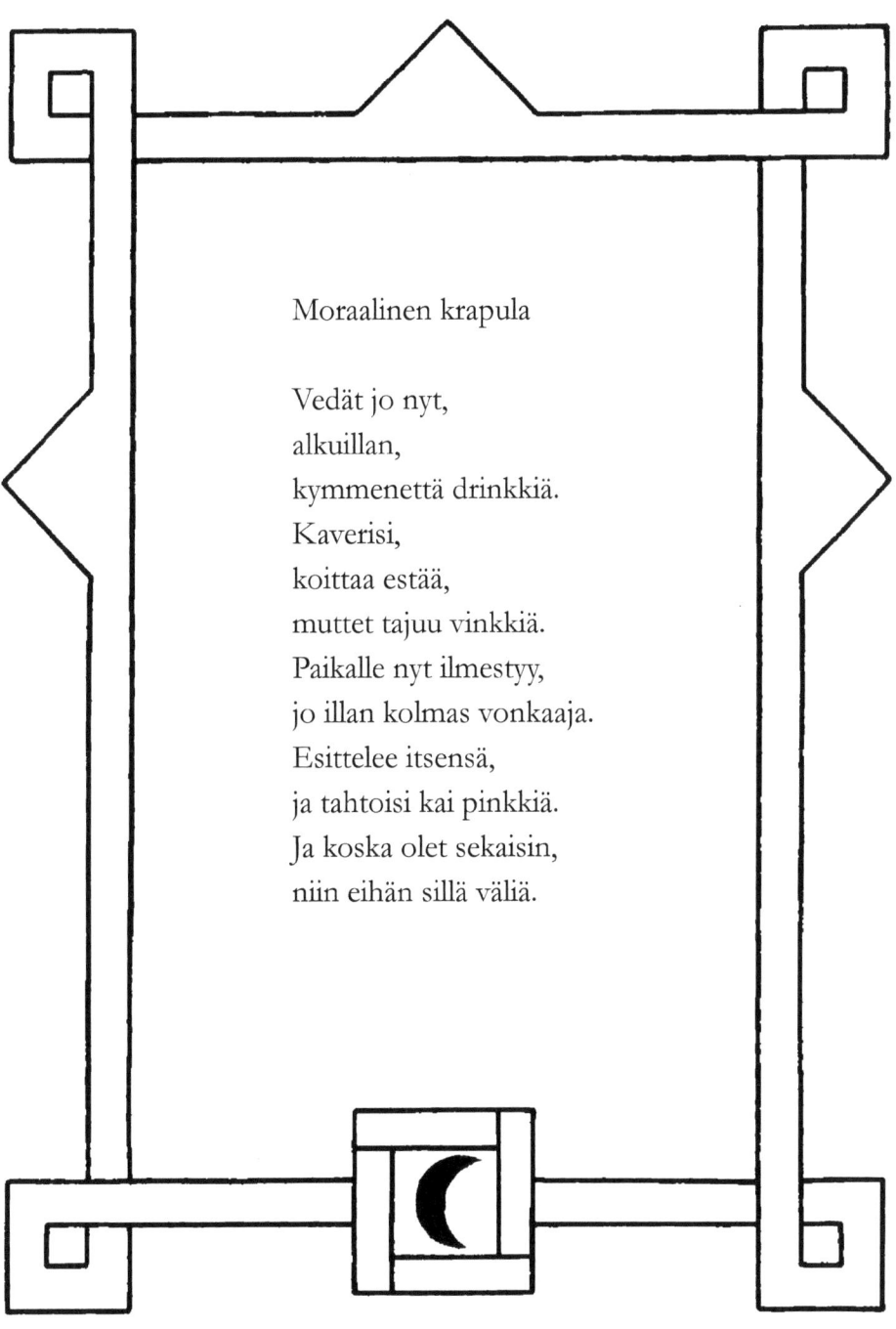

Moraalinen krapula

Vedät jo nyt,
alkuillan,
kymmenettä drinkkiä.
Kaverisi,
koittaa estää,
muttet tajuu vinkkiä.
Paikalle nyt ilmestyy,
jo illan kolmas vonkaaja.
Esittelee itsensä,
ja tahtoisi kai pinkkiä.
Ja koska olet sekaisin,
niin eihän sillä väliä.

Lähdet jälleen,
jonkun mukaan,
vaikket pysy pystyssä.
Kämpilläsi vedät vielä,
pari, kolme drinkkiä.
Kunnes tajuntasi alkaa,
vihoviimein lähteä.
Jalat kohti kattoa,
pääsi vasten mattoa.
Minä olen Jumala,
huutaa herra Humala.
Aamulla on krapula,
mielipaha, rahapula.
Poissa herra Humala,
sekä ainoo muistikuva.

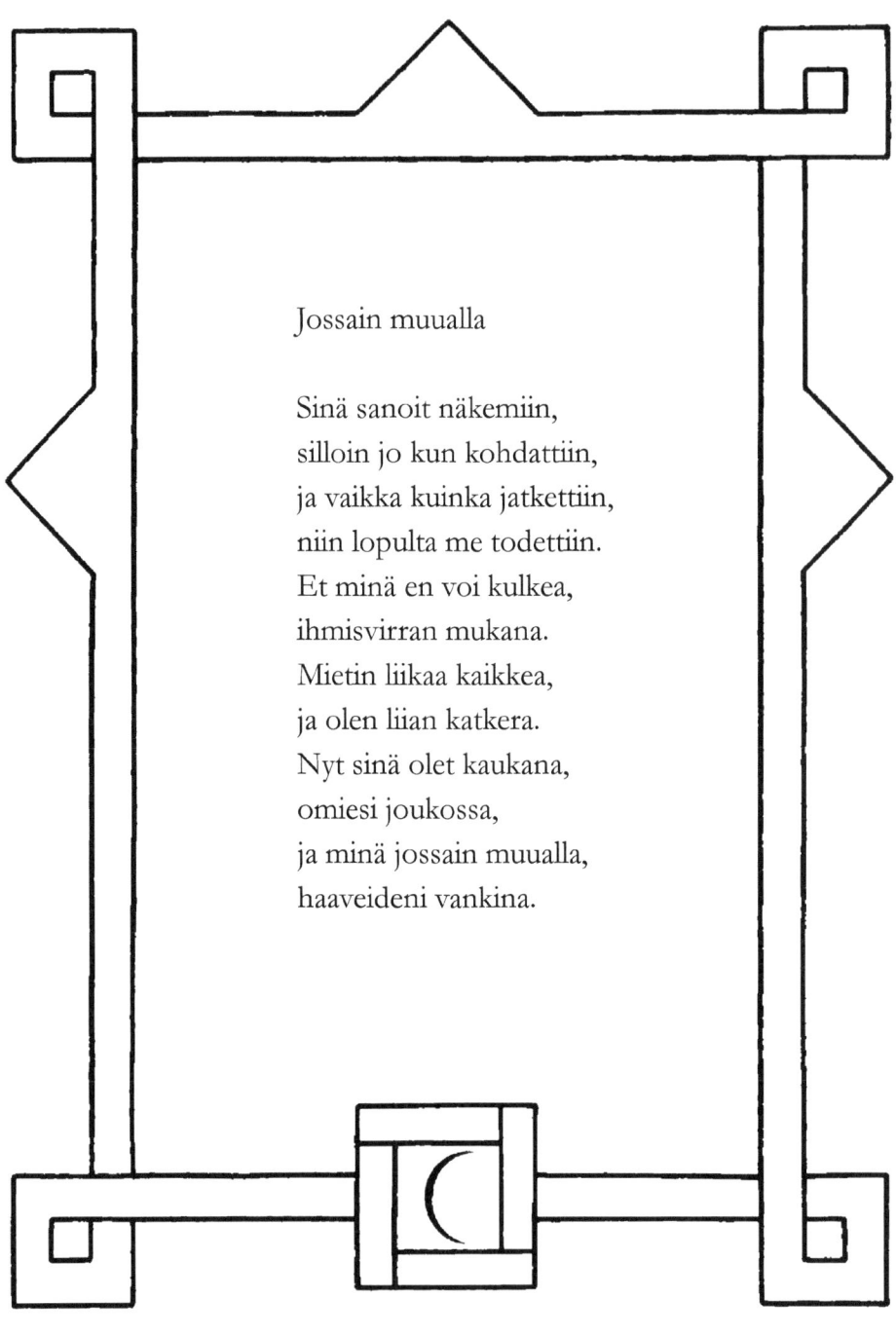

Jossain muualla

Sinä sanoit näkemiin,
silloin jo kun kohdattiin,
ja vaikka kuinka jatkettiin,
niin lopulta me todettiin.
Et minä en voi kulkea,
ihmisvirran mukana.
Mietin liikaa kaikkea,
ja olen liian katkera.
Nyt sinä olet kaukana,
omiesi joukossa,
ja minä jossain muualla,
haaveideni vankina.

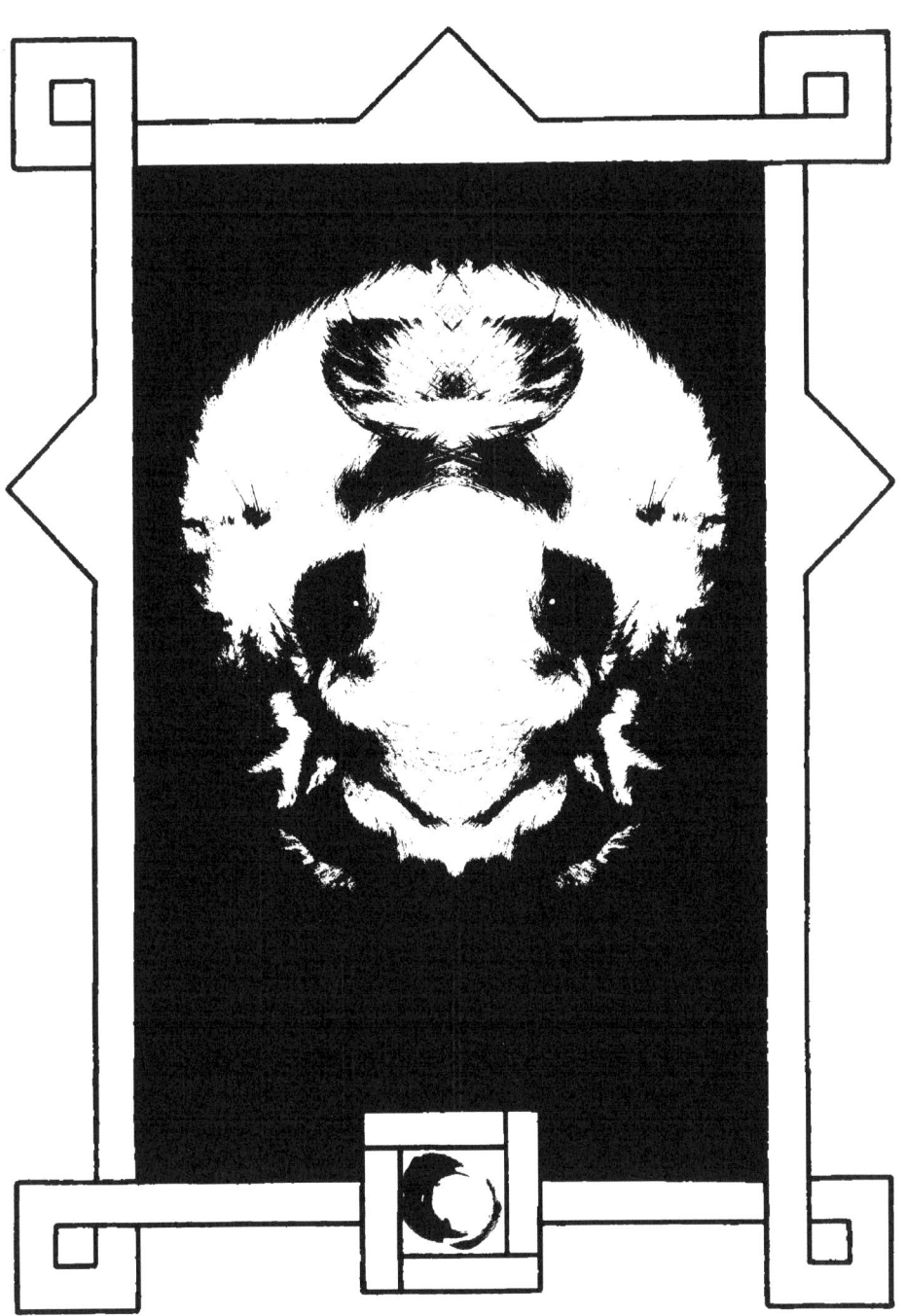

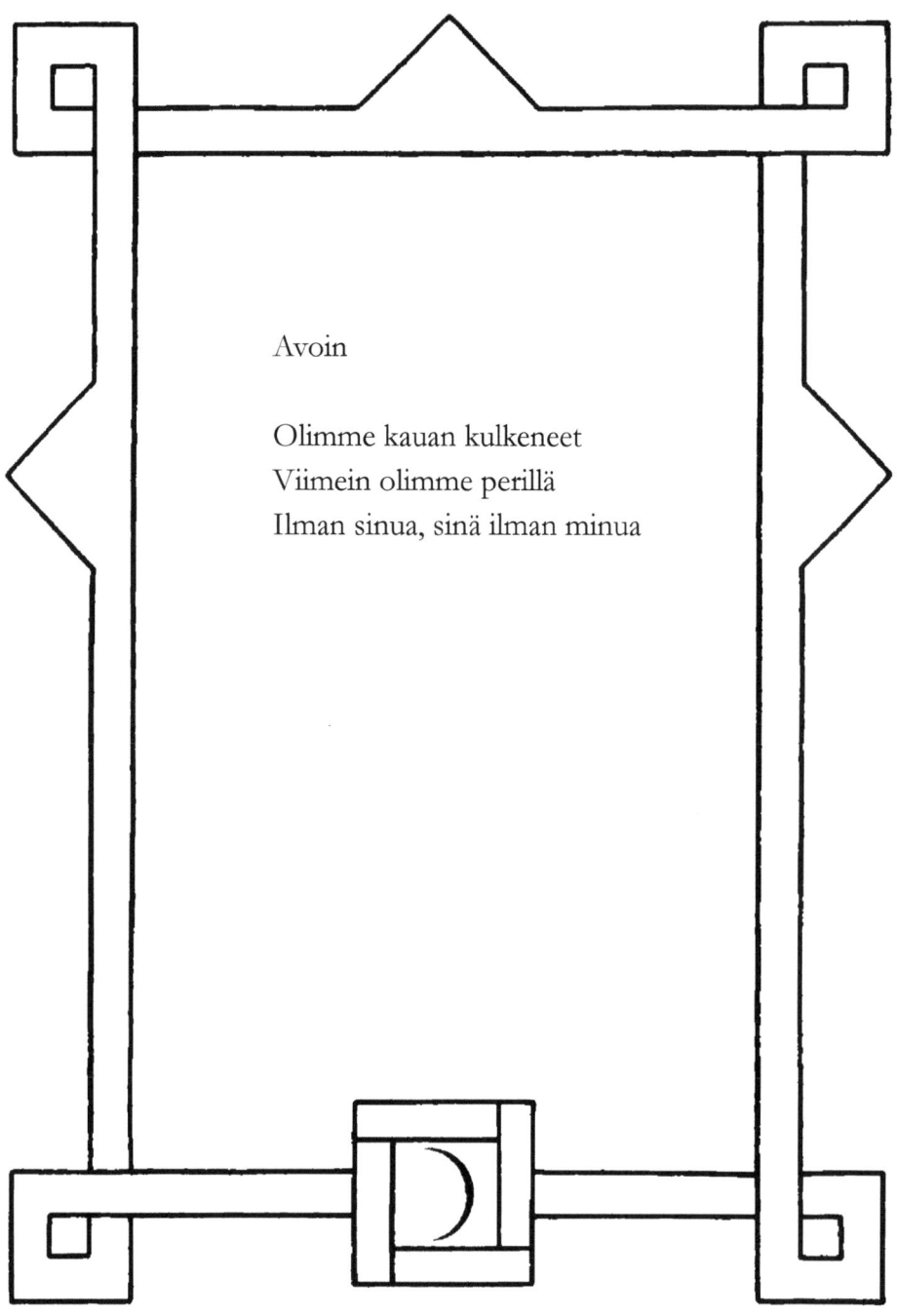

Avoin

Olimme kauan kulkeneet
Viimein olimme perillä
Ilman sinua, sinä ilman minua

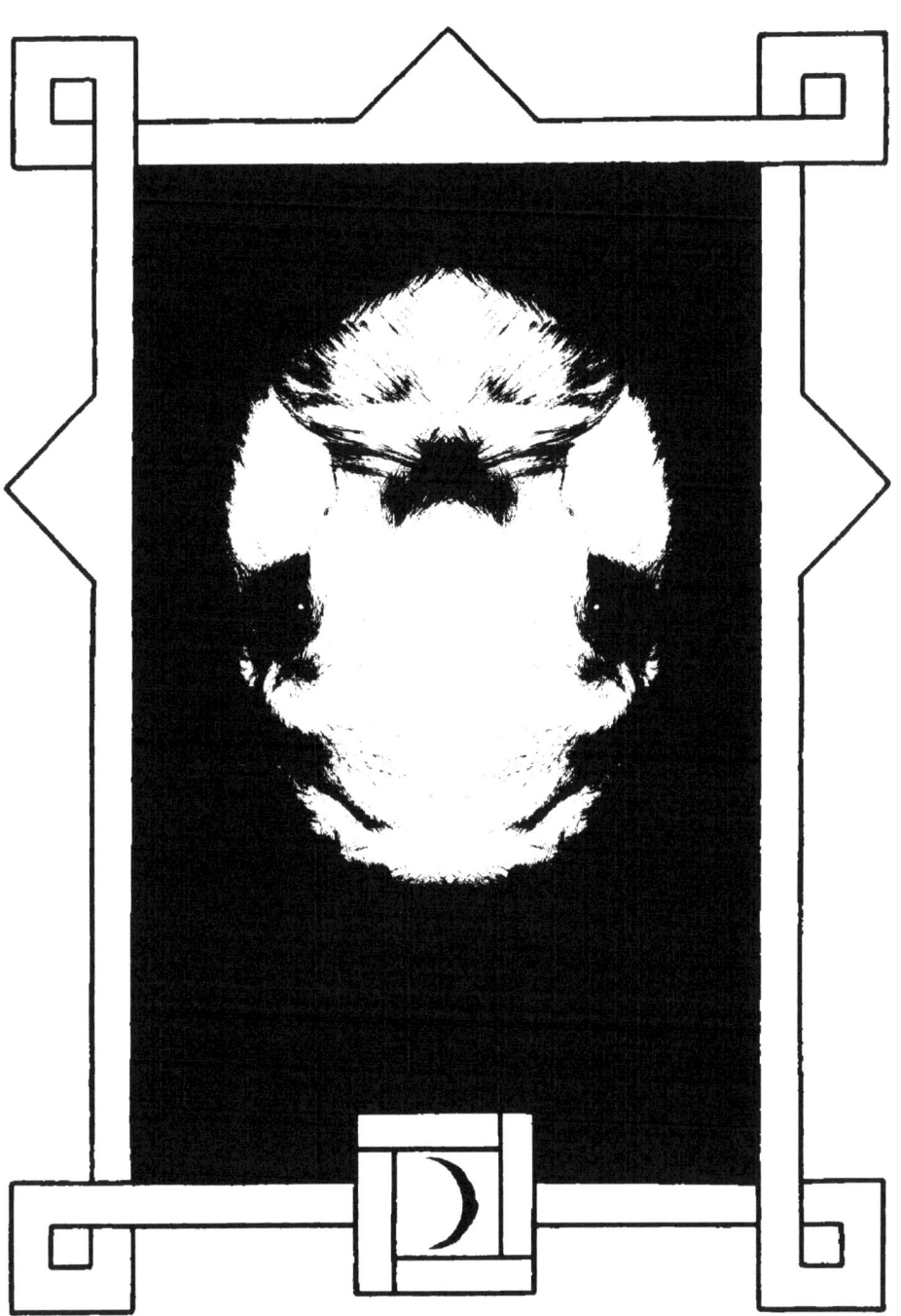

Jaksa

En jaksa menetyksiä,
en jaksa pettyä.
En jaksa viikonloppuja,
en kulutettuja tunteja.
En jaksa tutustua taas,
en jaksa rakastaa.
En jaksa enää välittää,
en jaksa yrittää.

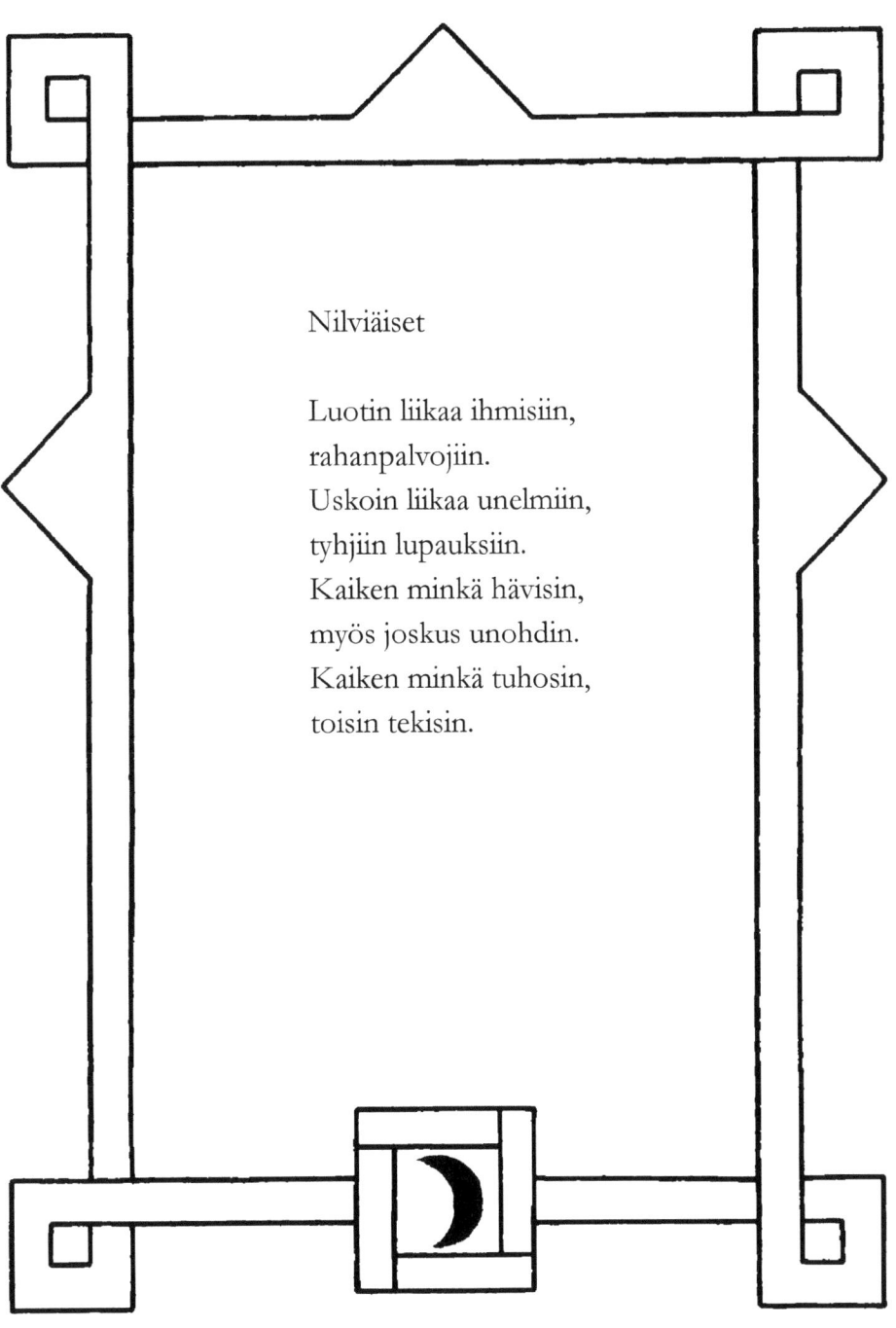

Nilviäiset

Luotin liikaa ihmisiin,
rahanpalvojiin.
Uskoin liikaa unelmiin,
tyhjiin lupauksiin.
Kaiken minkä hävisin,
myös joskus unohdin.
Kaiken minkä tuhosin,
toisin tekisin.

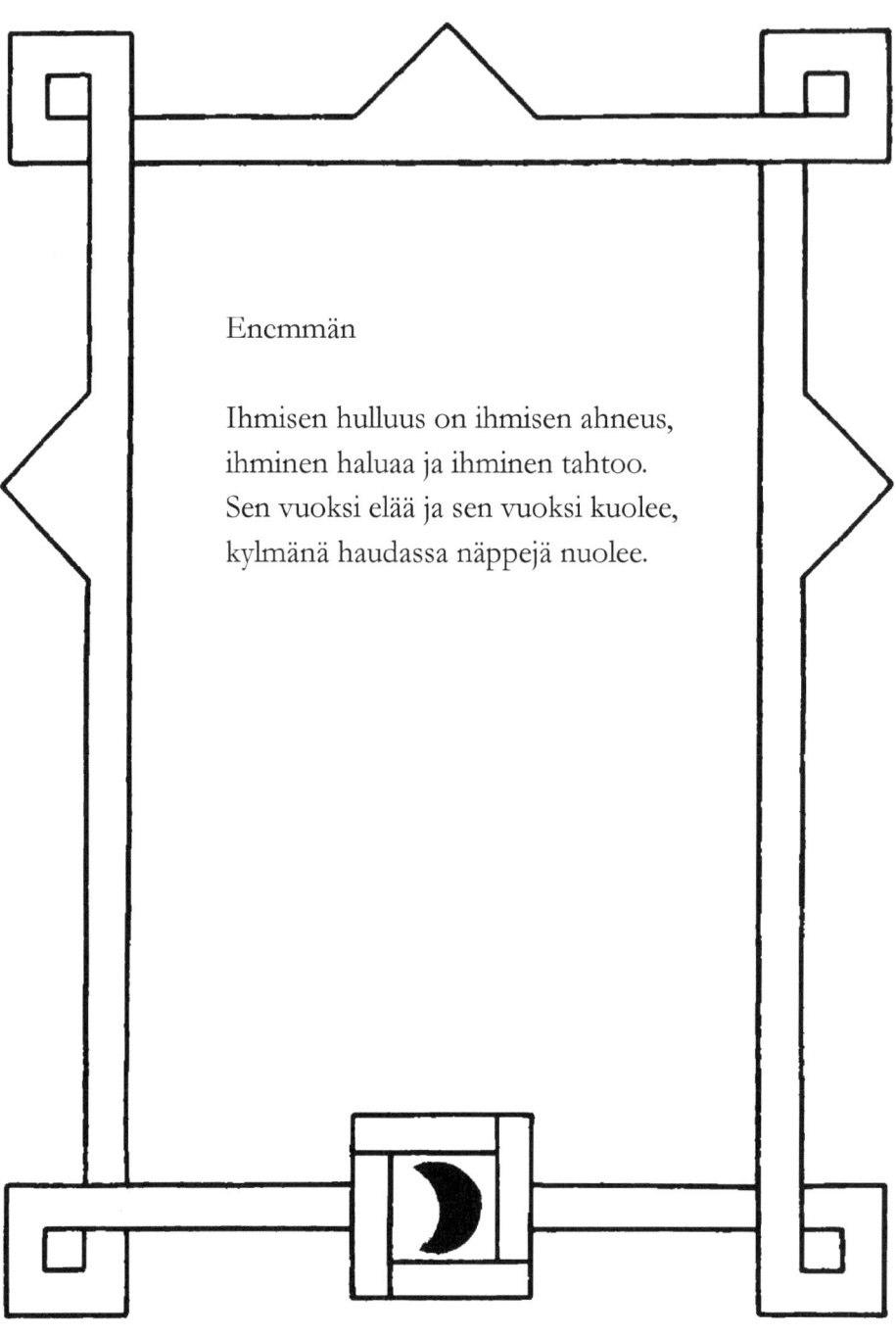

Encmmän

Ihmisen hulluus on ihmisen ahneus,
ihminen haluaa ja ihminen tahtoo.
Sen vuoksi elää ja sen vuoksi kuolee,
kylmänä haudassa näppejä nuolee.

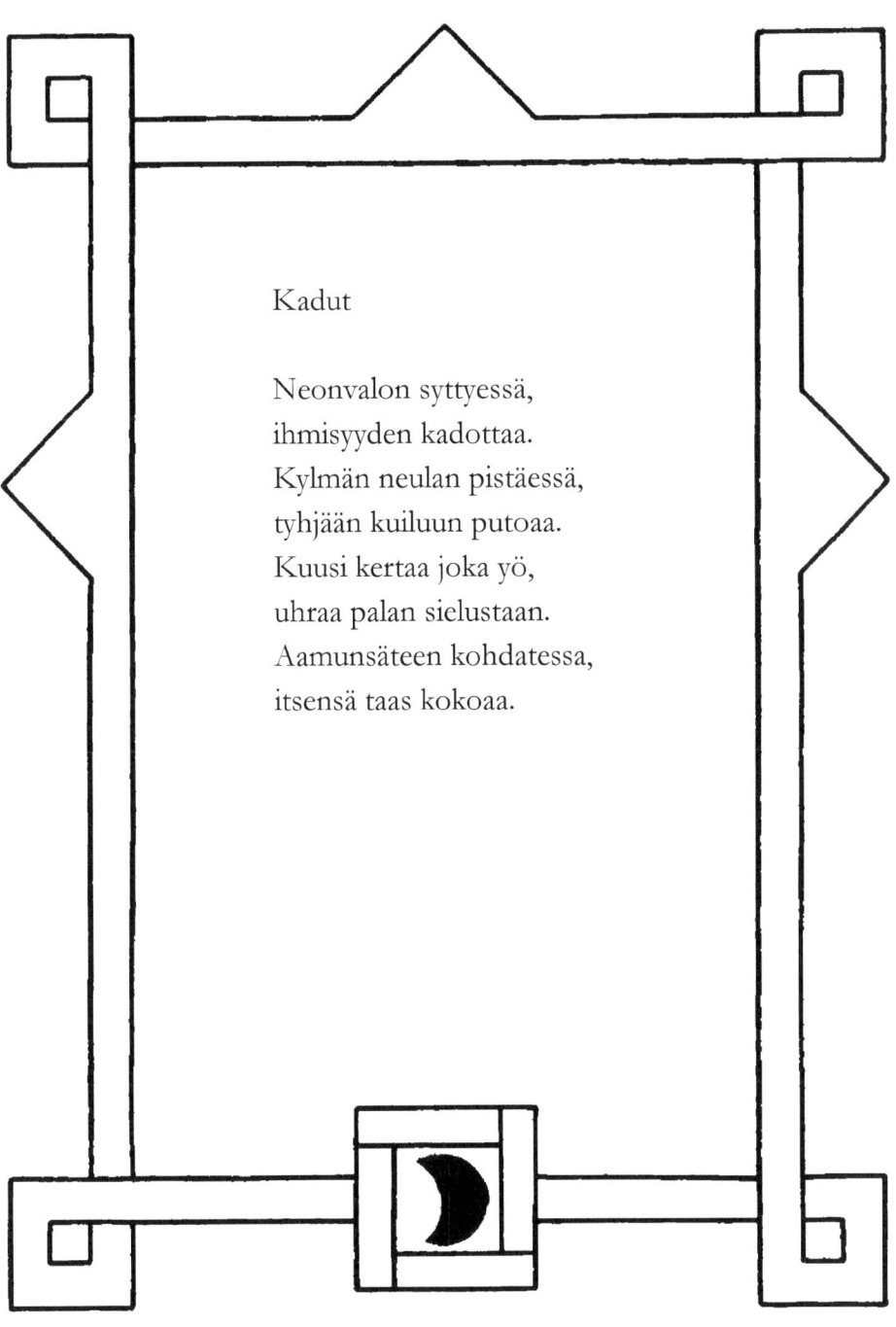

Kadut

Neonvalon syttyessä,
ihmisyyden kadottaa.
Kylmän neulan pistäessä,
tyhjään kuiluun putoaa.
Kuusi kertaa joka yö,
uhraa palan sielustaan.
Aamunsäteen kohdatessa,
itsensä taas kokoaa.

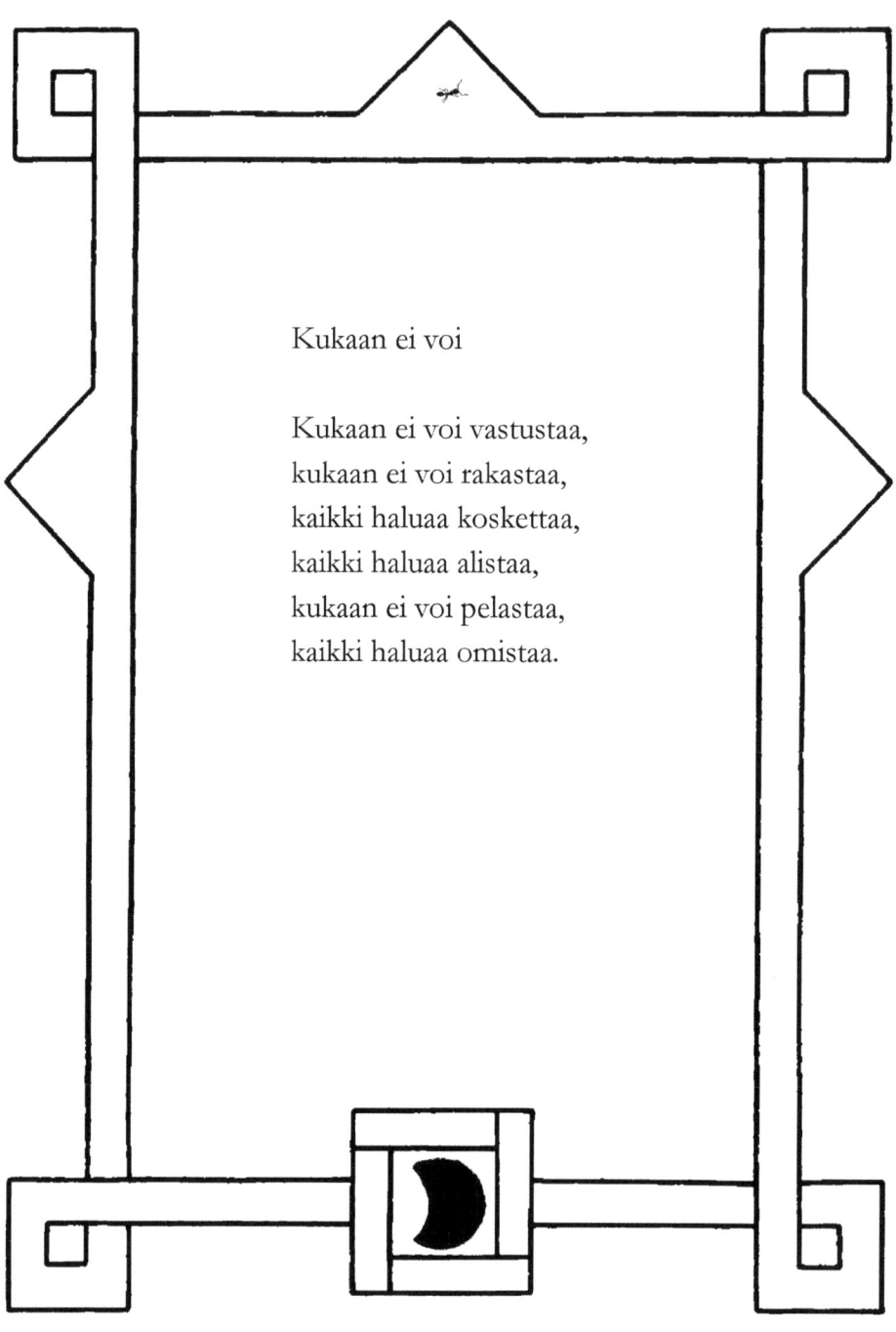

Kukaan ei voi

Kukaan ei voi vastustaa,
kukaan ei voi rakastaa,
kaikki haluaa koskettaa,
kaikki haluaa alistaa,
kukaan ei voi pelastaa,
kaikki haluaa omistaa.

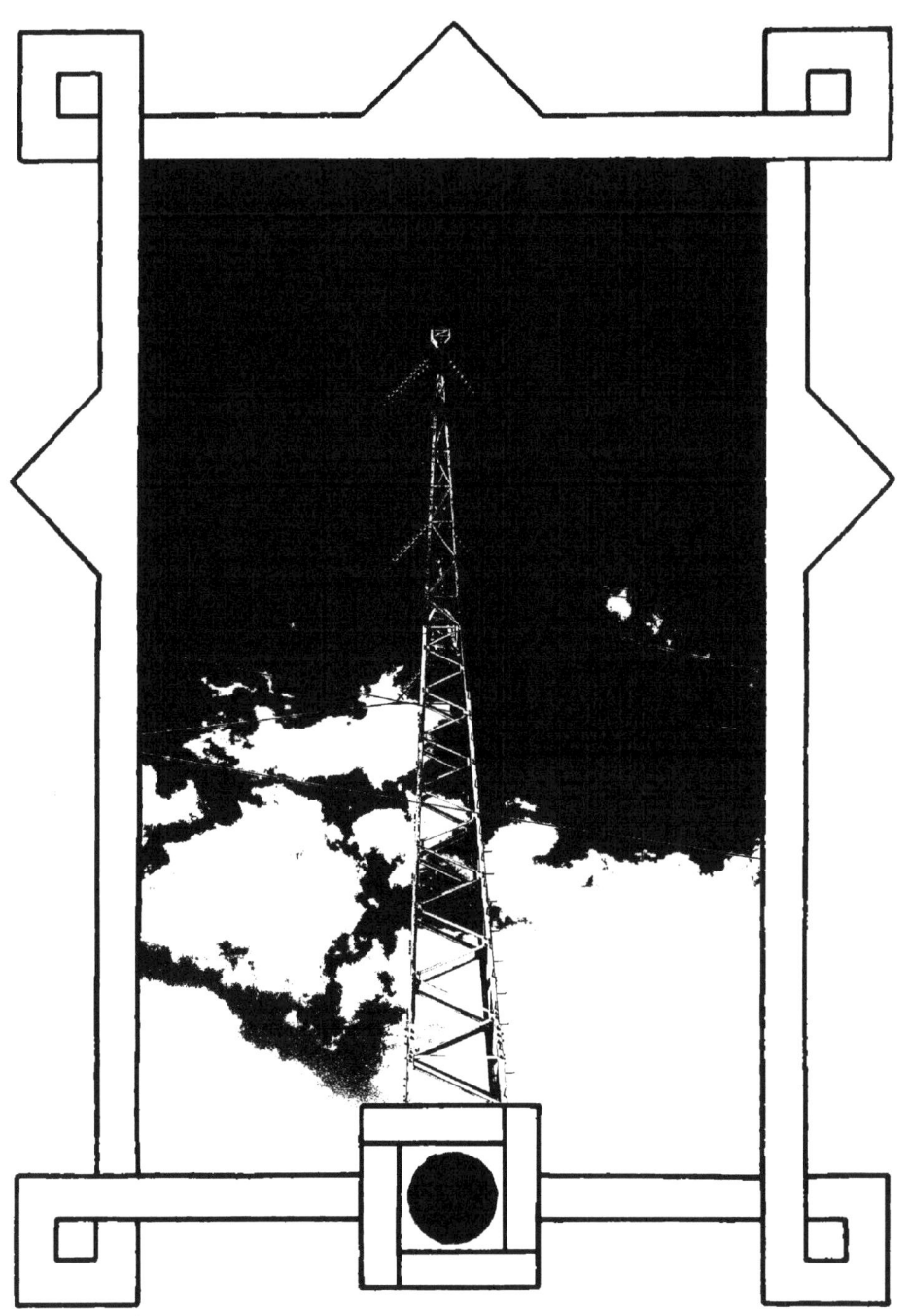

Kujalla

Minä olen kaukana,
yhteisellä kujalla.
Tänne tulee tuttuja,
uusiakin kasvoja.
Jotkut jatkaa matkaansa,
monet niistä arkussa.

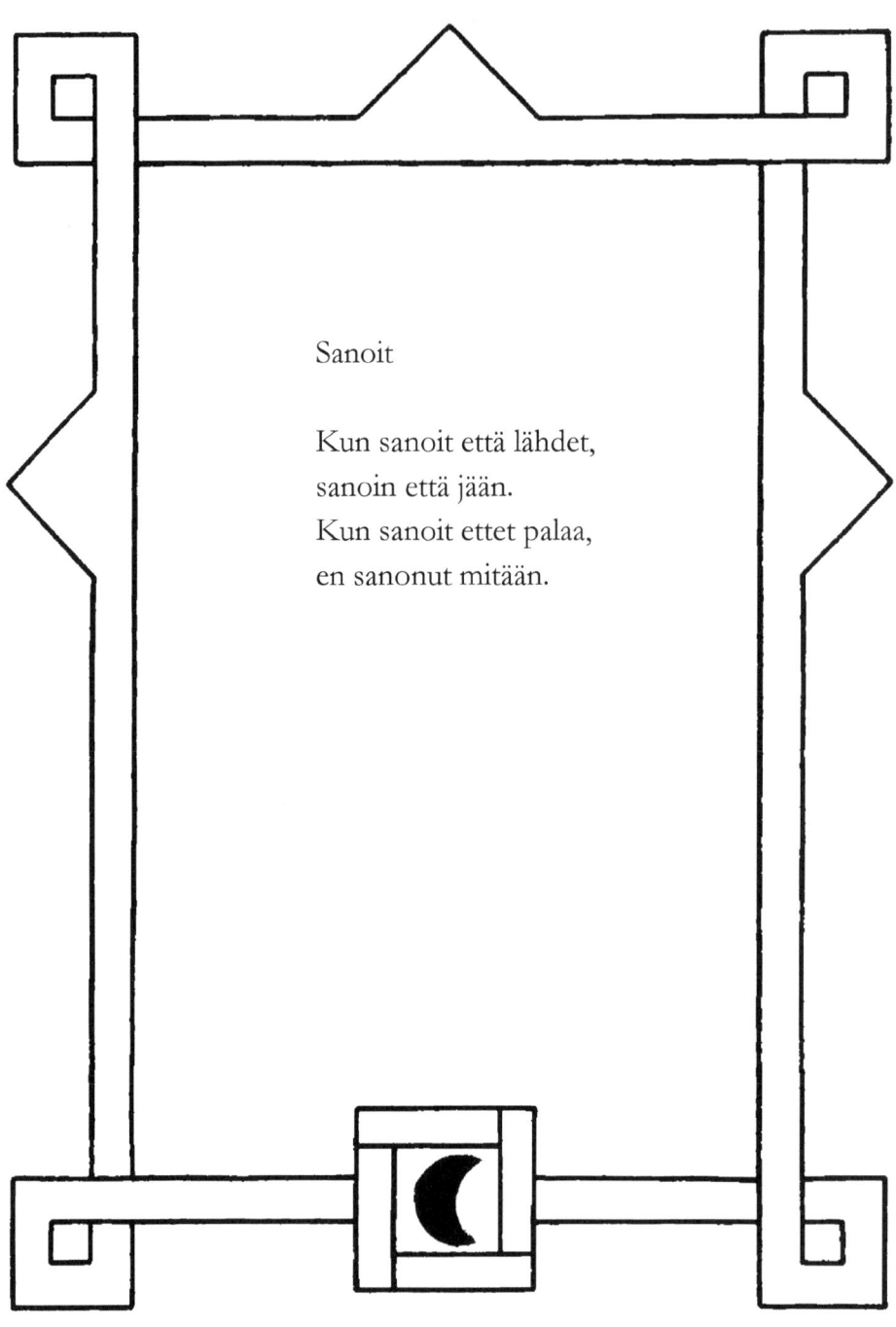

Sanoit

Kun sanoit että lähdet,
sanoin että jään.
Kun sanoit ettet palaa,
en sanonut mitään.

Seinät

Kauan aikaa kaiku kantaa,
toivon rippeitä se antaa.
Ei kukaan huutojasi kuule,
älä niihin luota, älä liikaa luule.

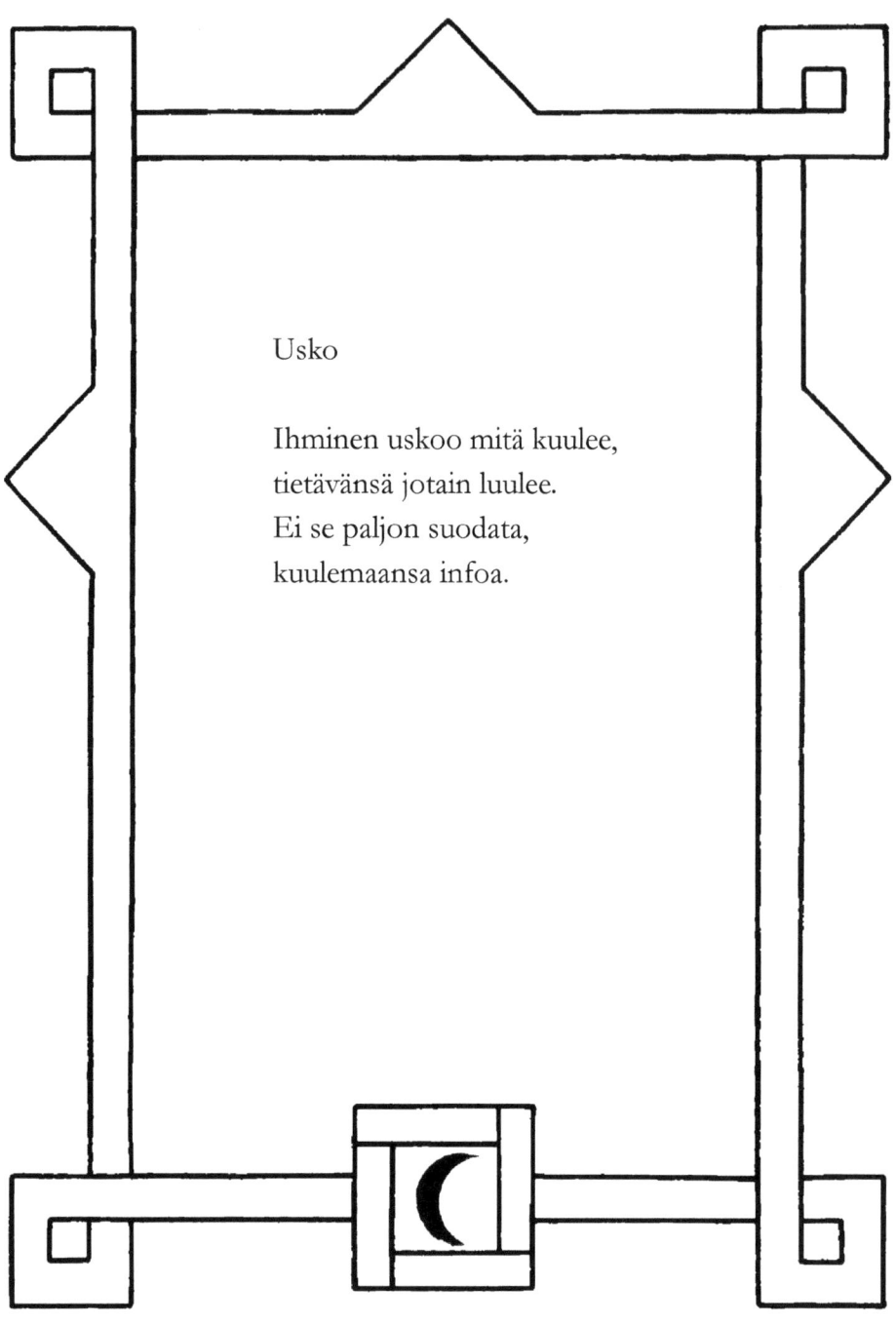

Usko

Ihminen uskoo mitä kuulee,
tietävänsä jotain luulee.
Ei se paljon suodata,
kuulemaansa infoa.

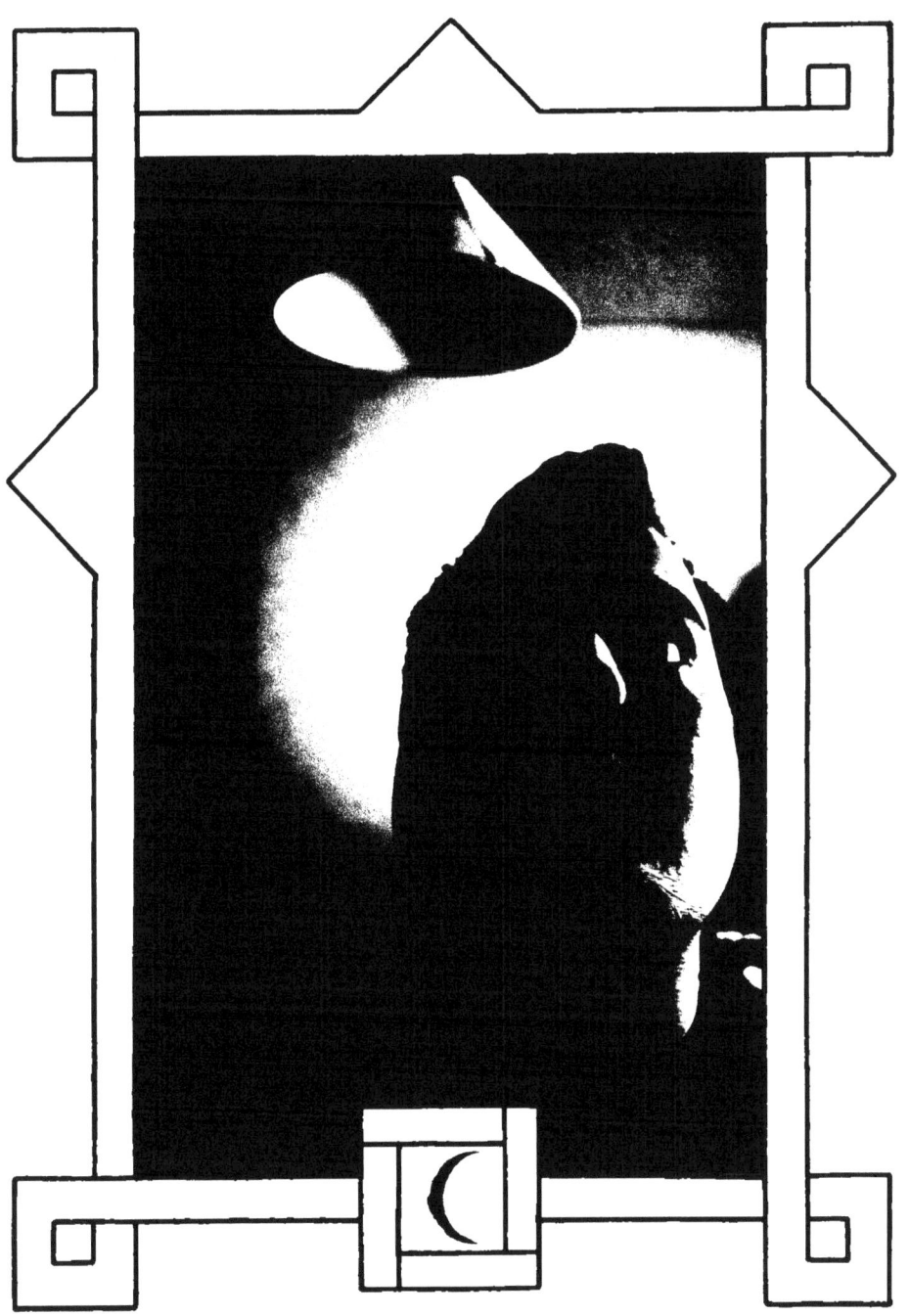

Sokea

Sinä et saavu siihen totuuteen,
johon minä saavuin,
johon minä luotan.
Luotat aina sokeuteen,
silmäsi sä suljet,
mielesi sä juotat.
Tahdot lipun vapauteen,
mutta suuren taakan,
mielelläsi kannat.

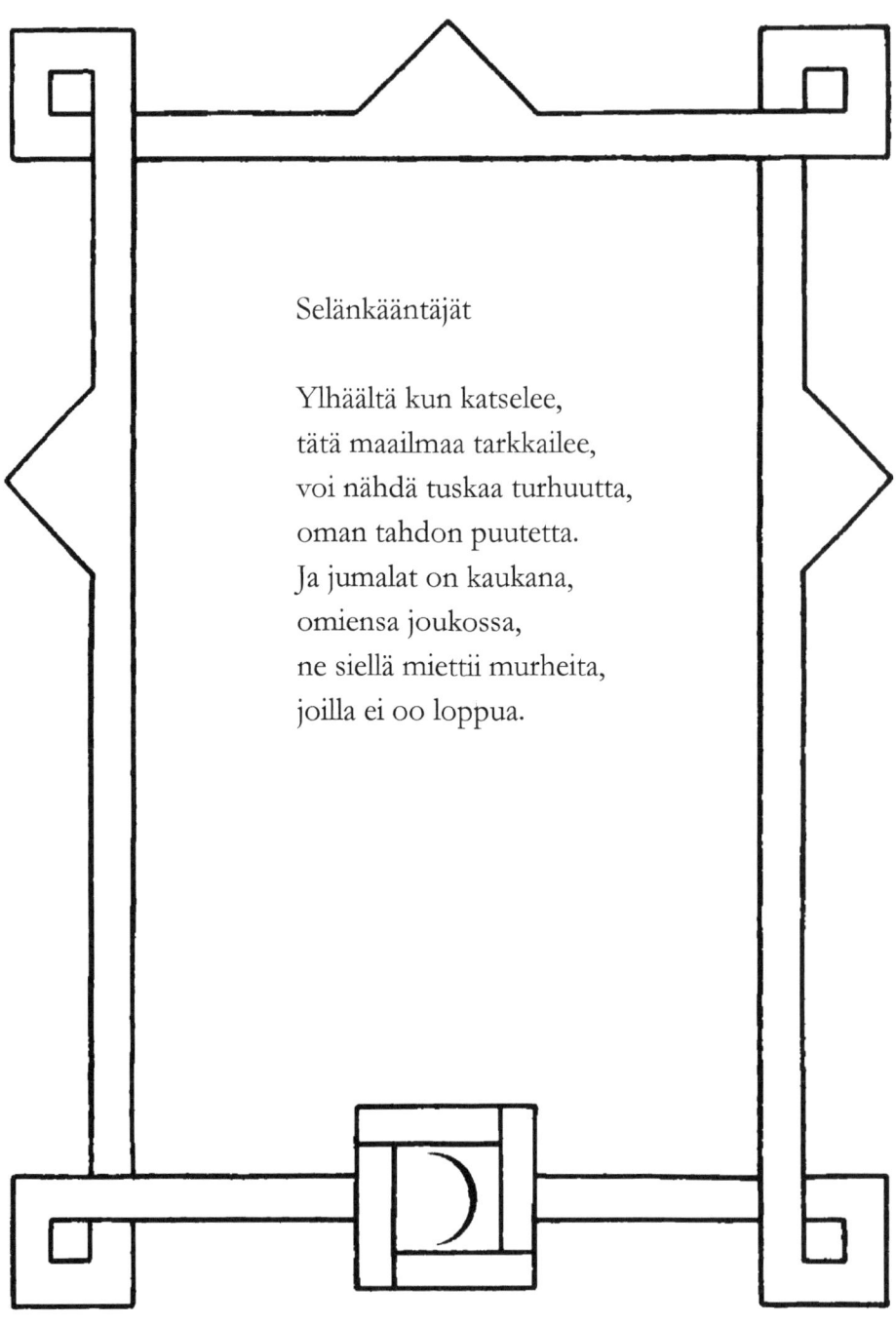

Selänkääntäjät

Ylhäältä kun katselee,
tätä maailmaa tarkkailee,
voi nähdä tuskaa turhuutta,
oman tahdon puutetta.
Ja jumalat on kaukana,
omiensa joukossa,
ne siellä miettii murheita,
joilla ei oo loppua.

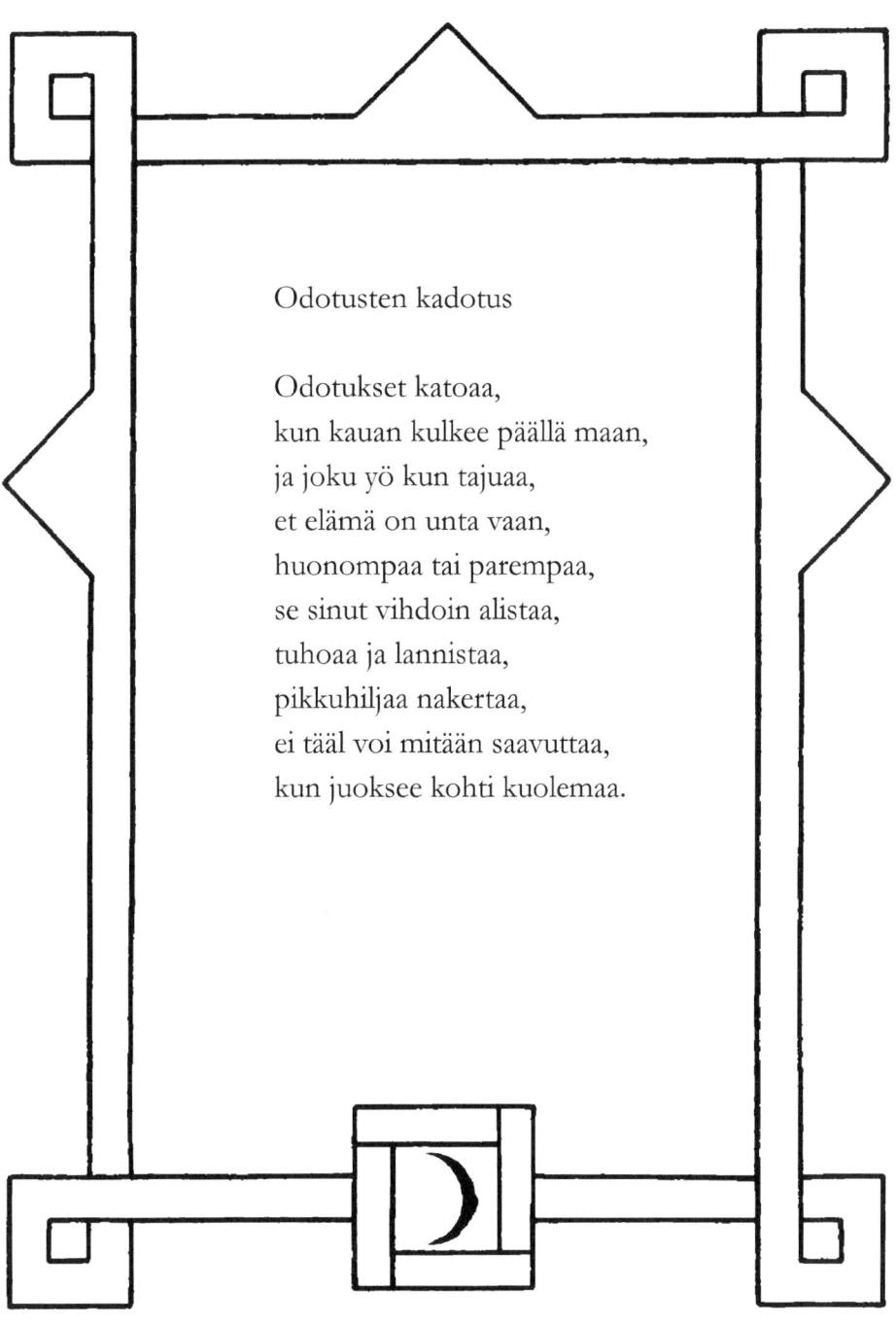

Odotusten kadotus

Odotukset katoaa,
kun kauan kulkee päällä maan,
ja joku yö kun tajuaa,
et elämä on unta vaan,
huonompaa tai parempaa,
se sinut vihdoin alistaa,
tuhoaa ja lannistaa,
pikkuhiljaa nakertaa,
ei tääl voi mitään saavuttaa,
kun juoksee kohti kuolemaa.

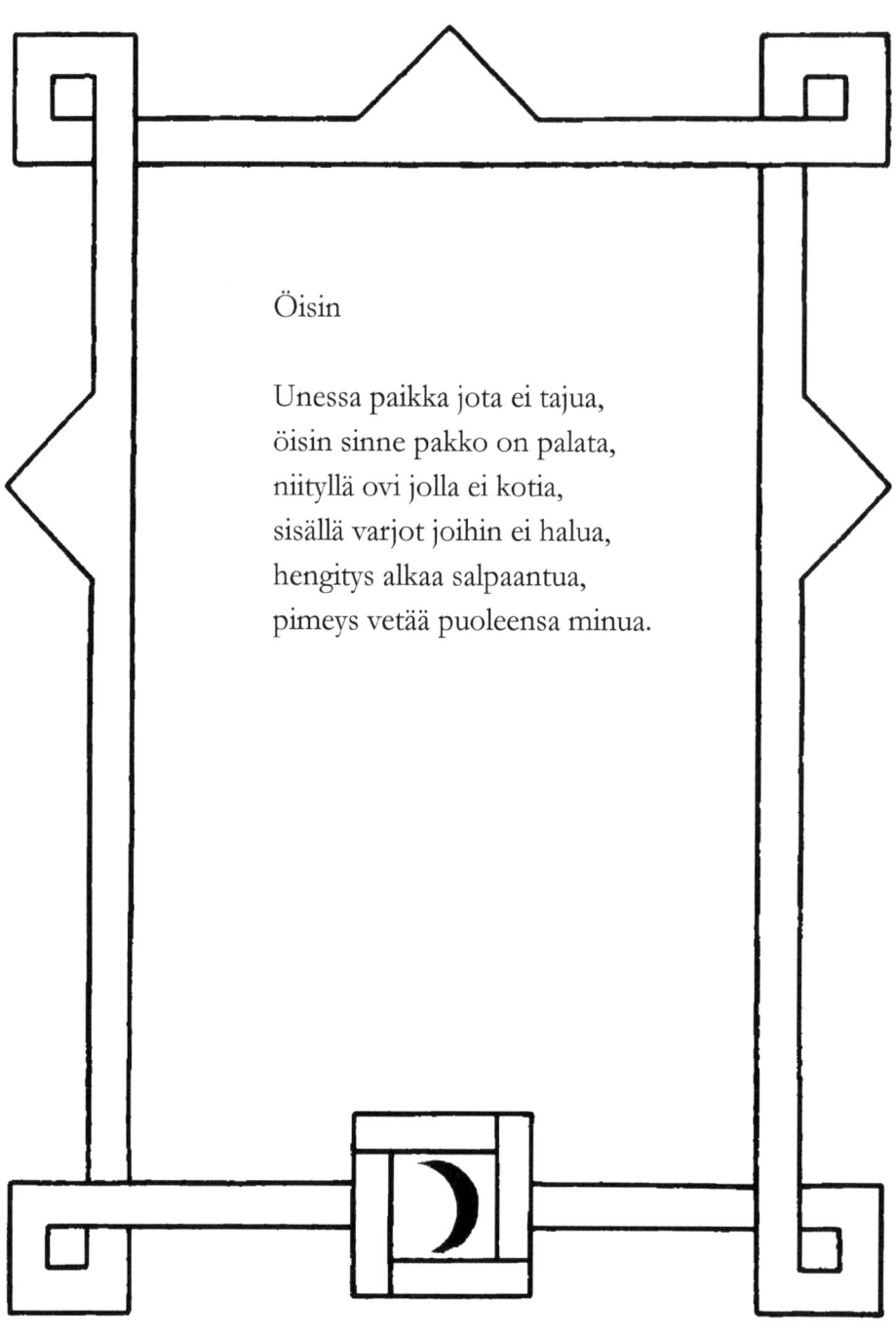

Öisin

Unessa paikka jota ei tajua,
öisin sinne pakko on palata,
niityllä ovi jolla ei kotia,
sisällä varjot joihin ei halua,
hengitys alkaa salpaantua,
pimeys vetää puoleensa minua.

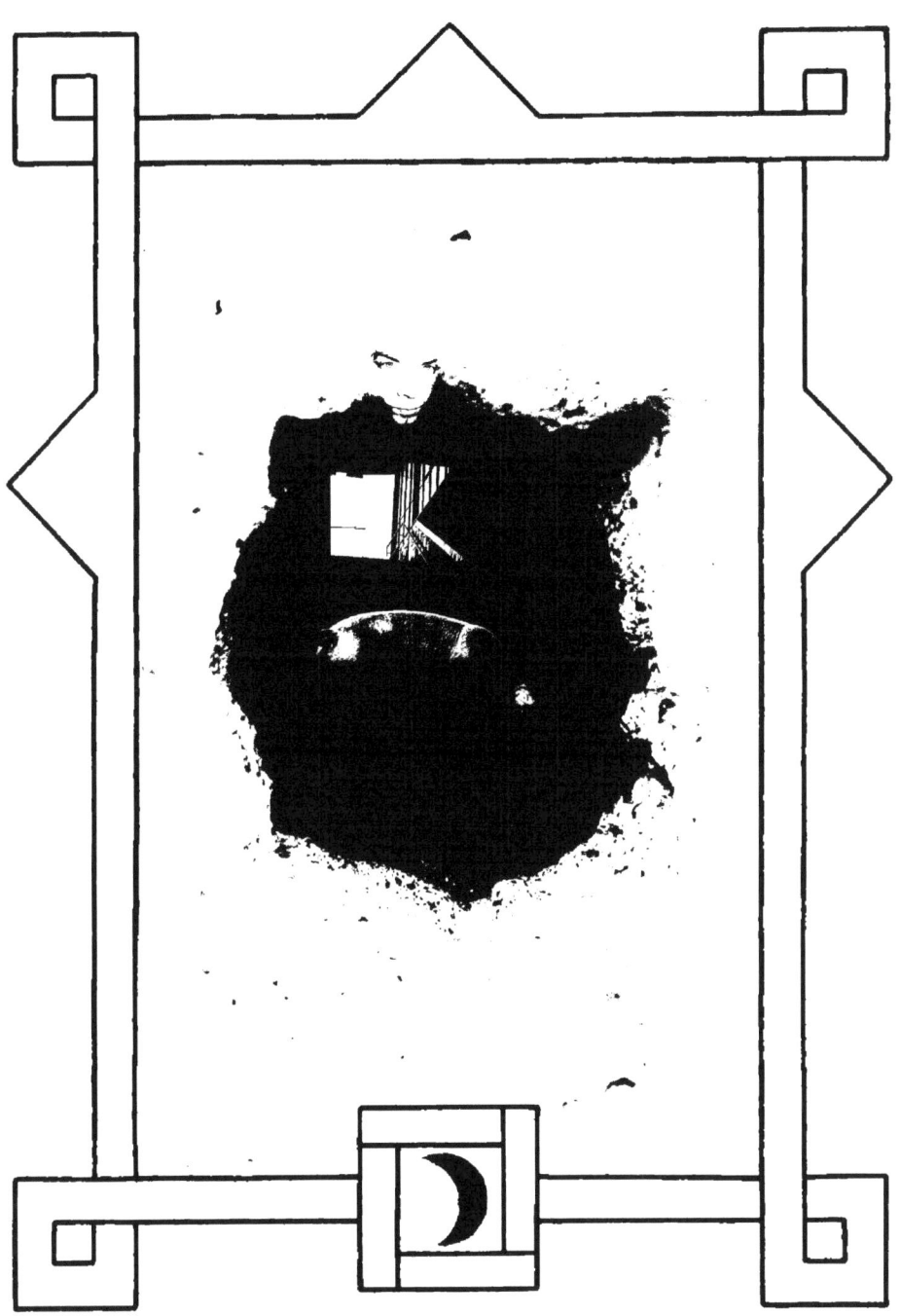

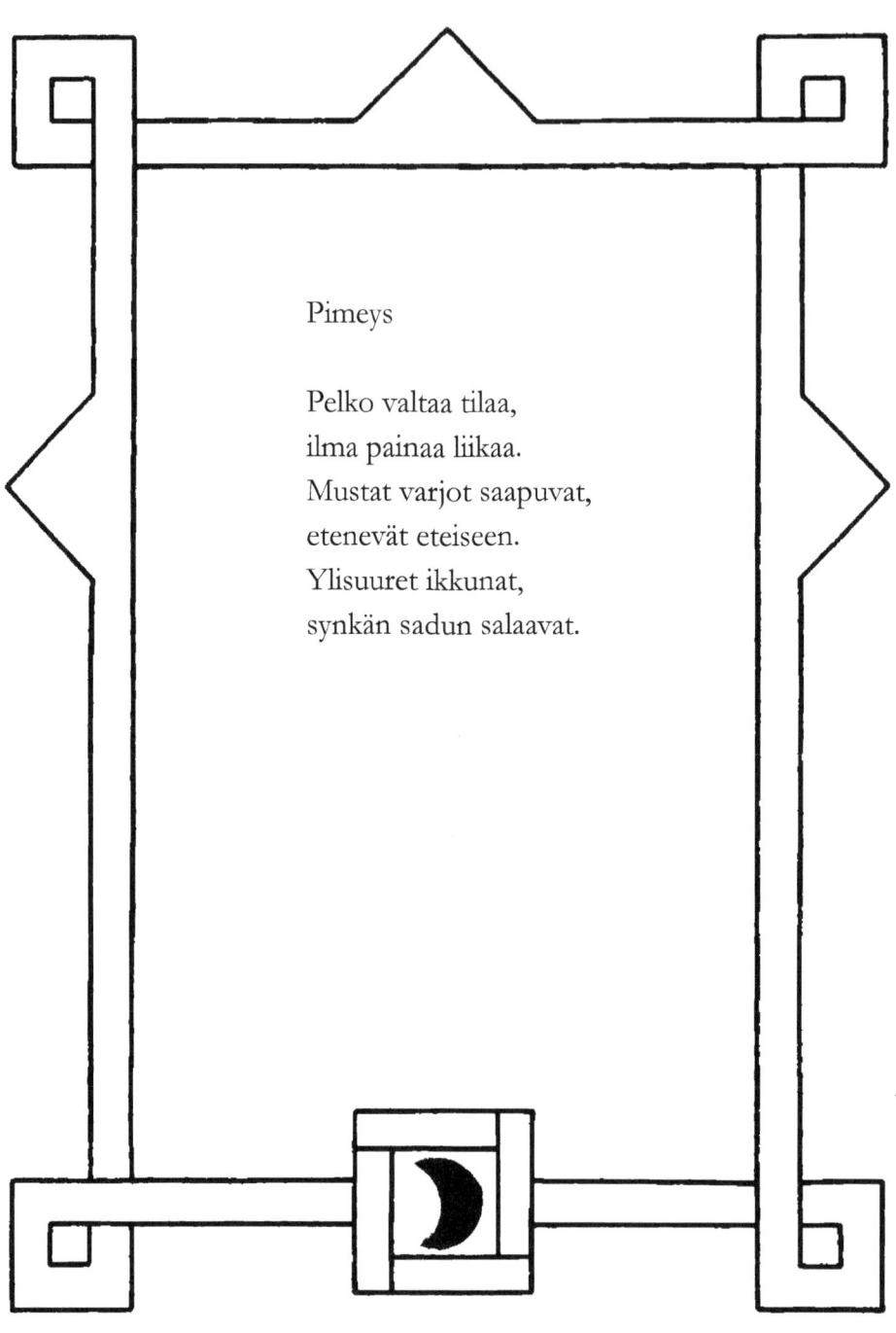

Pimeys

Pelko valtaa tilaa,
ilma painaa liikaa.
Mustat varjot saapuvat,
etenevät eteiseen.
Ylisuuret ikkunat,
synkän sadun salaavat.

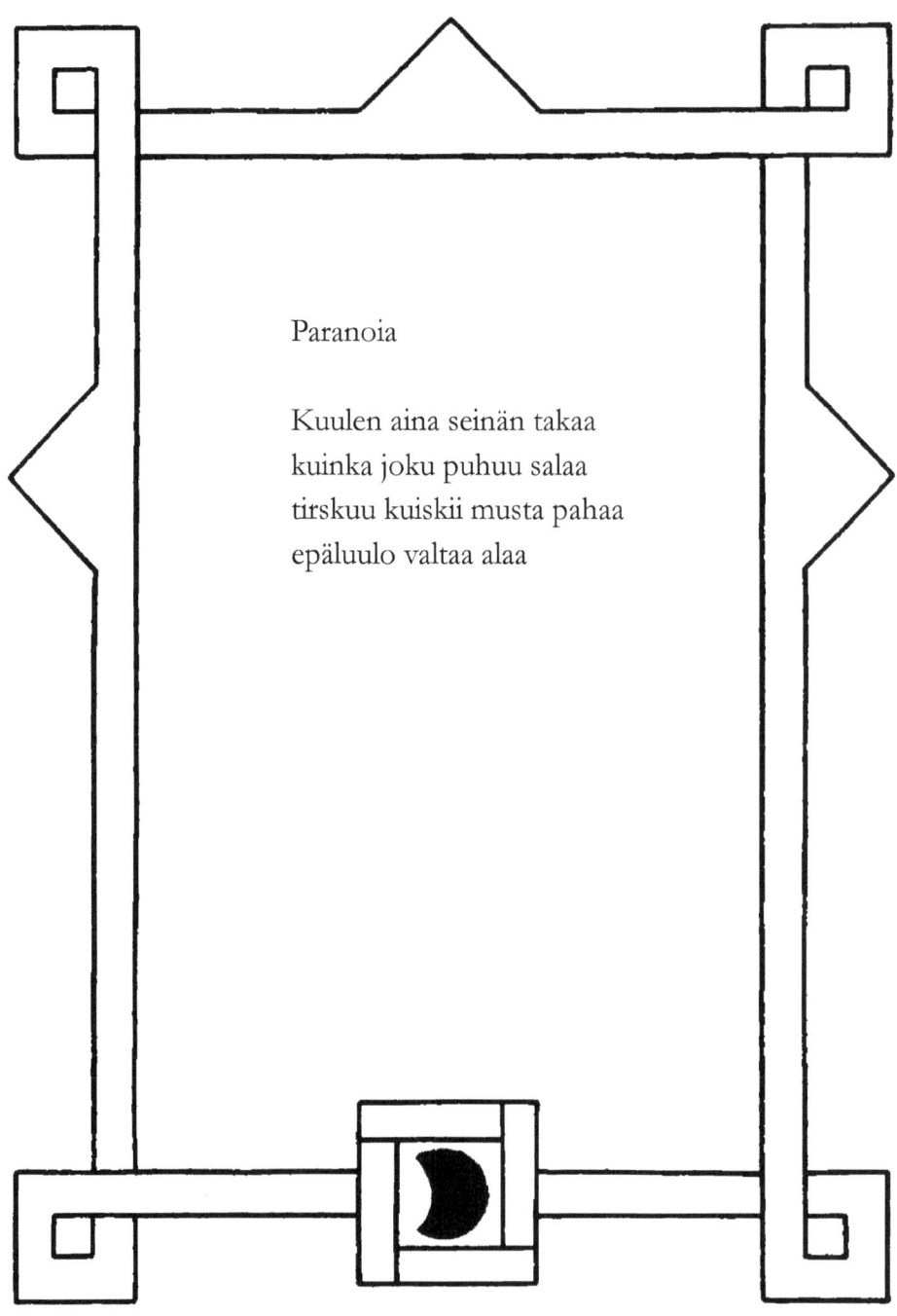

Paranoia

Kuulen aina seinän takaa
kuinka joku puhuu salaa
tirskuu kuiskii musta pahaa
epäluulo valtaa alaa

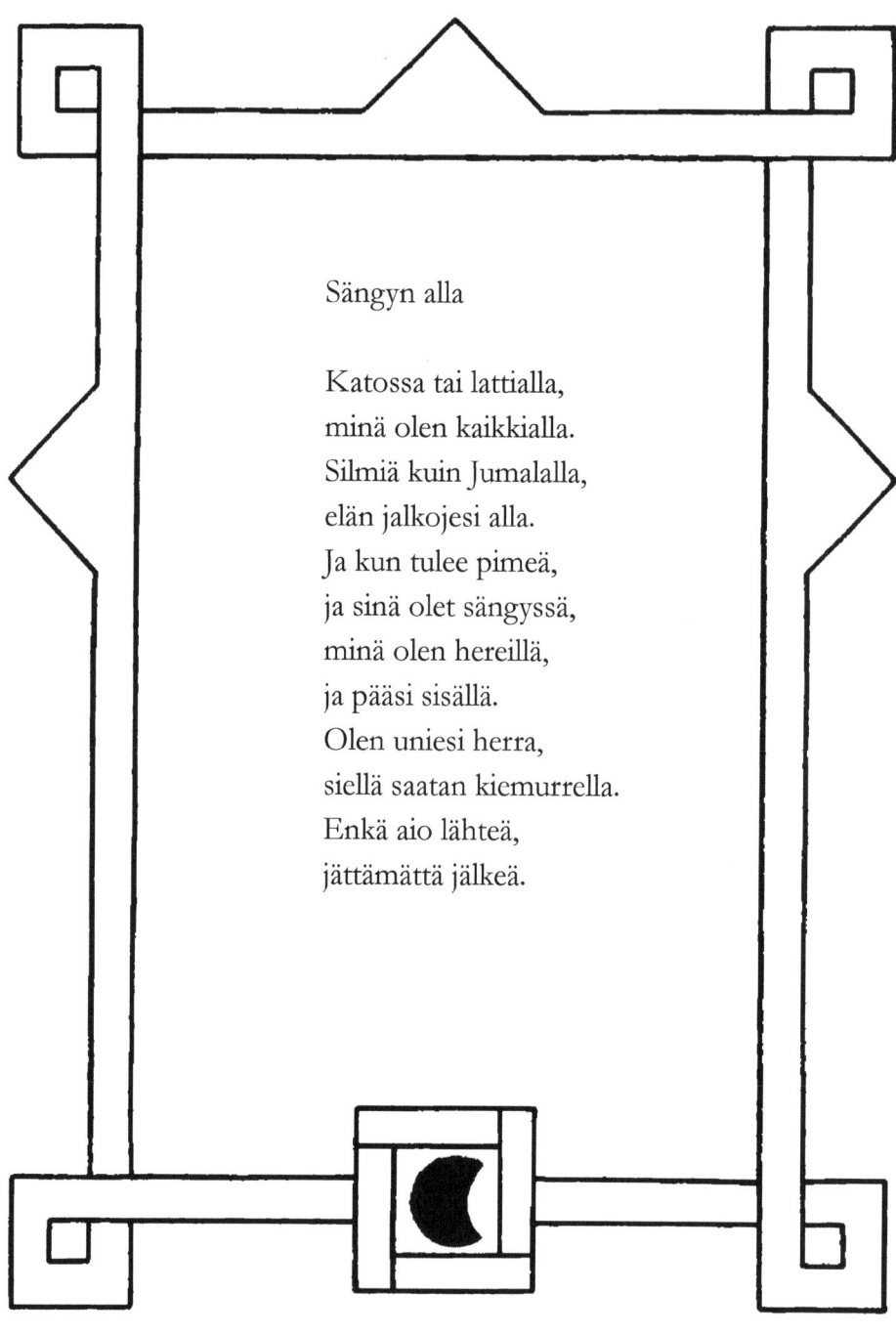

Sängyn alla

Katossa tai lattialla,
minä olen kaikkialla.
Silmiä kuin Jumalalla,
elän jalkojesi alla.
Ja kun tulee pimeä,
ja sinä olet sängyssä,
minä olen hereillä,
ja pääsi sisällä.
Olen uniesi herra,
siellä saatan kiemurrella.
Enkä aio lähteä,
jättämättä jälkeä.

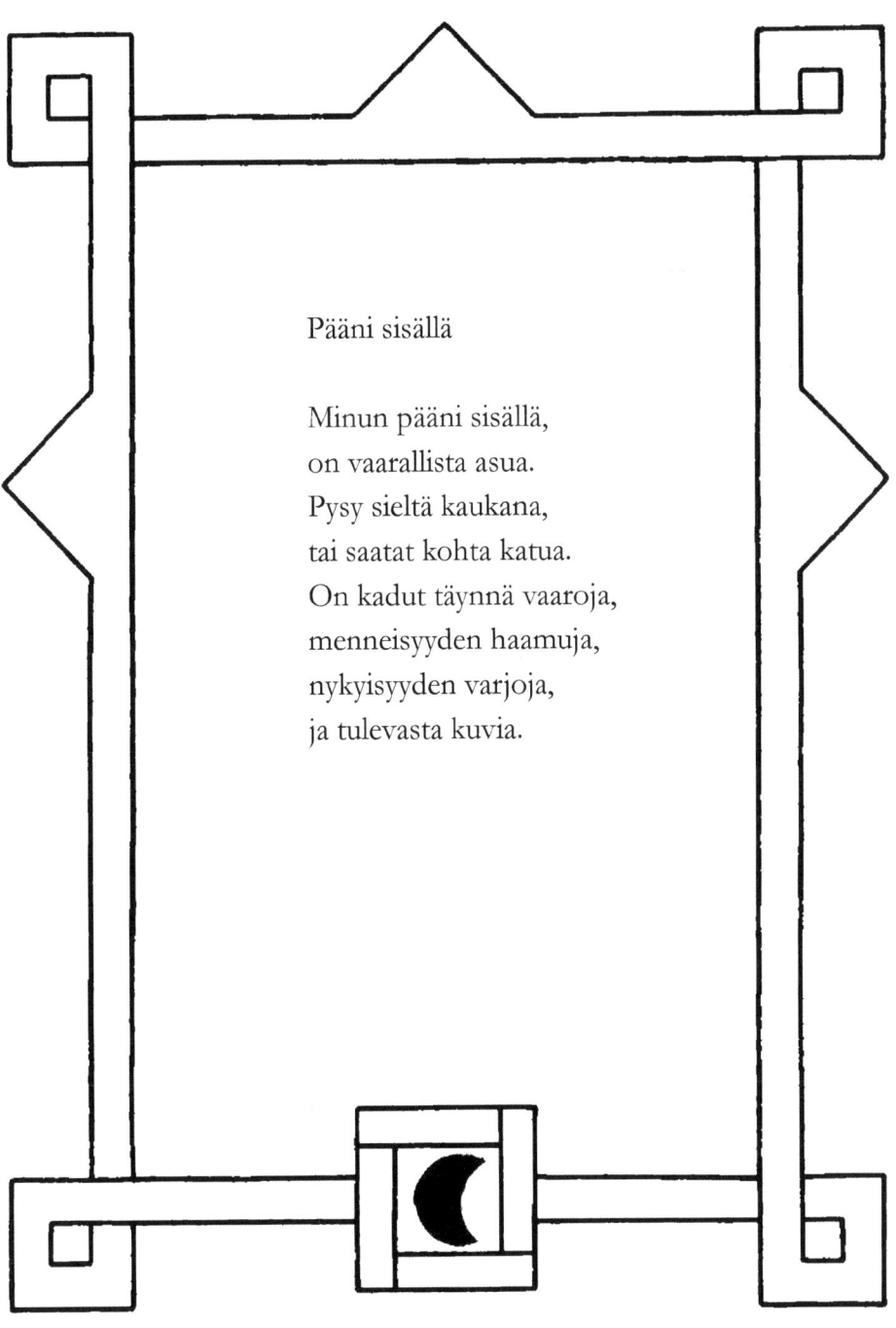

Pääni sisällä

Minun pääni sisällä,
on vaarallista asua.
Pysy sieltä kaukana,
tai saatat kohta katua.
On kadut täynnä vaaroja,
menneisyyden haamuja,
nykyisyyden varjoja,
ja tulevasta kuvia.

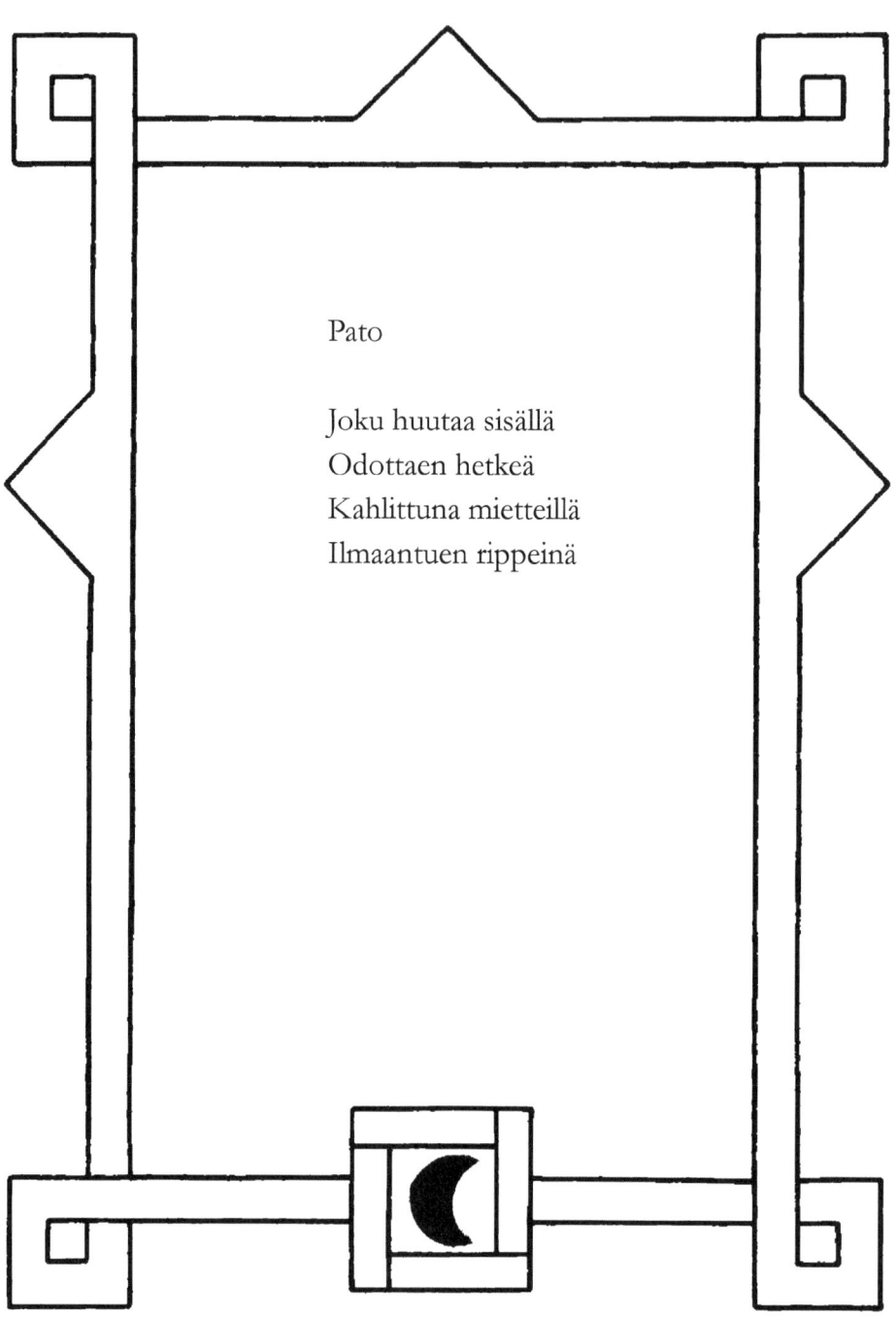

Pato

Joku huutaa sisällä
Odottaen hetkeä
Kahlittuna mietteillä
Ilmaantuen rippeinä

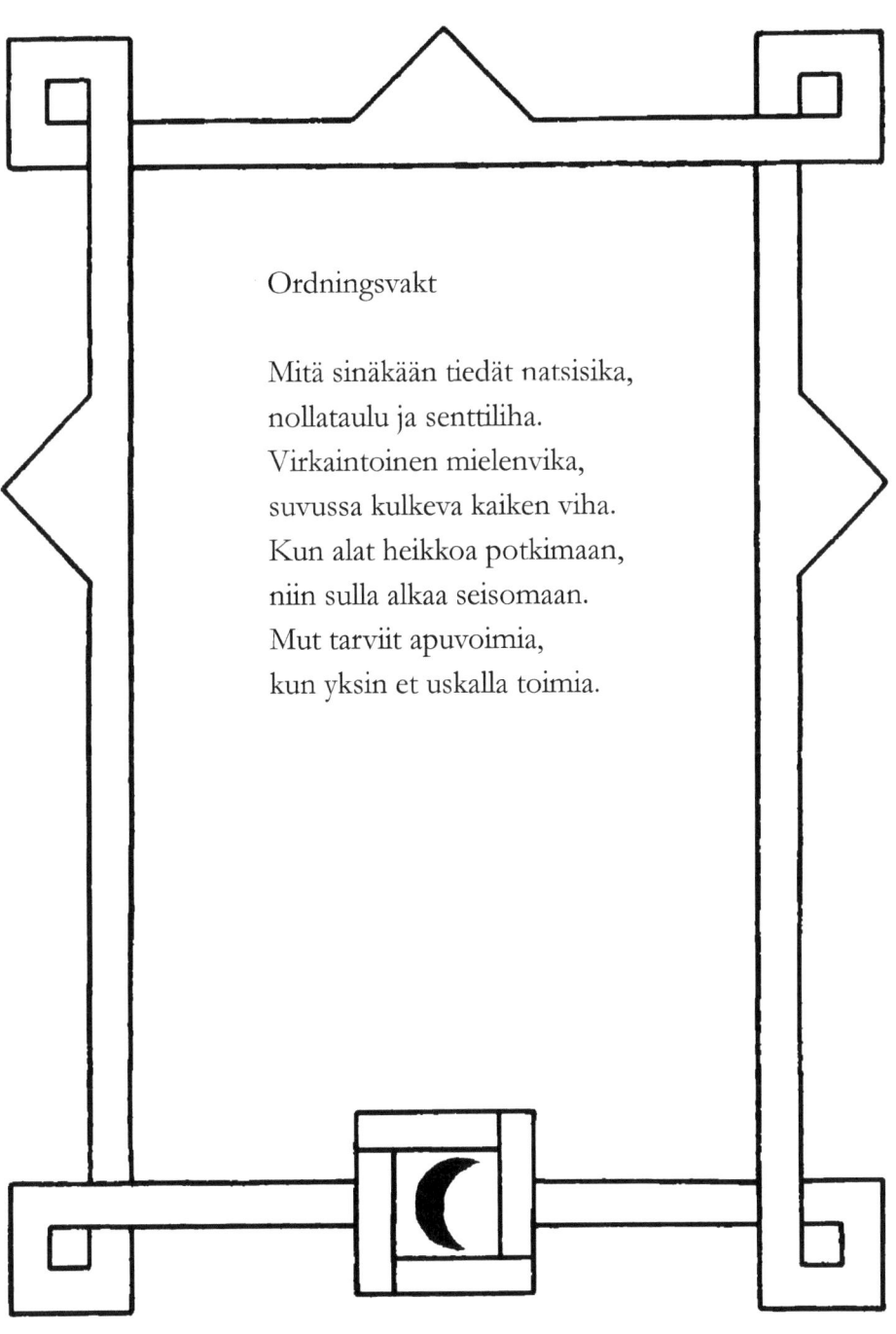

Ordningsvakt

Mitä sinäkään tiedät natsisika,
nollataulu ja senttiliha.
Virkaintoinen mielenvika,
suvussa kulkeva kaiken viha.
Kun alat heikkoa potkimaan,
niin sulla alkaa seisomaan.
Mut tarviit apuvoimia,
kun yksin et uskalla toimia.

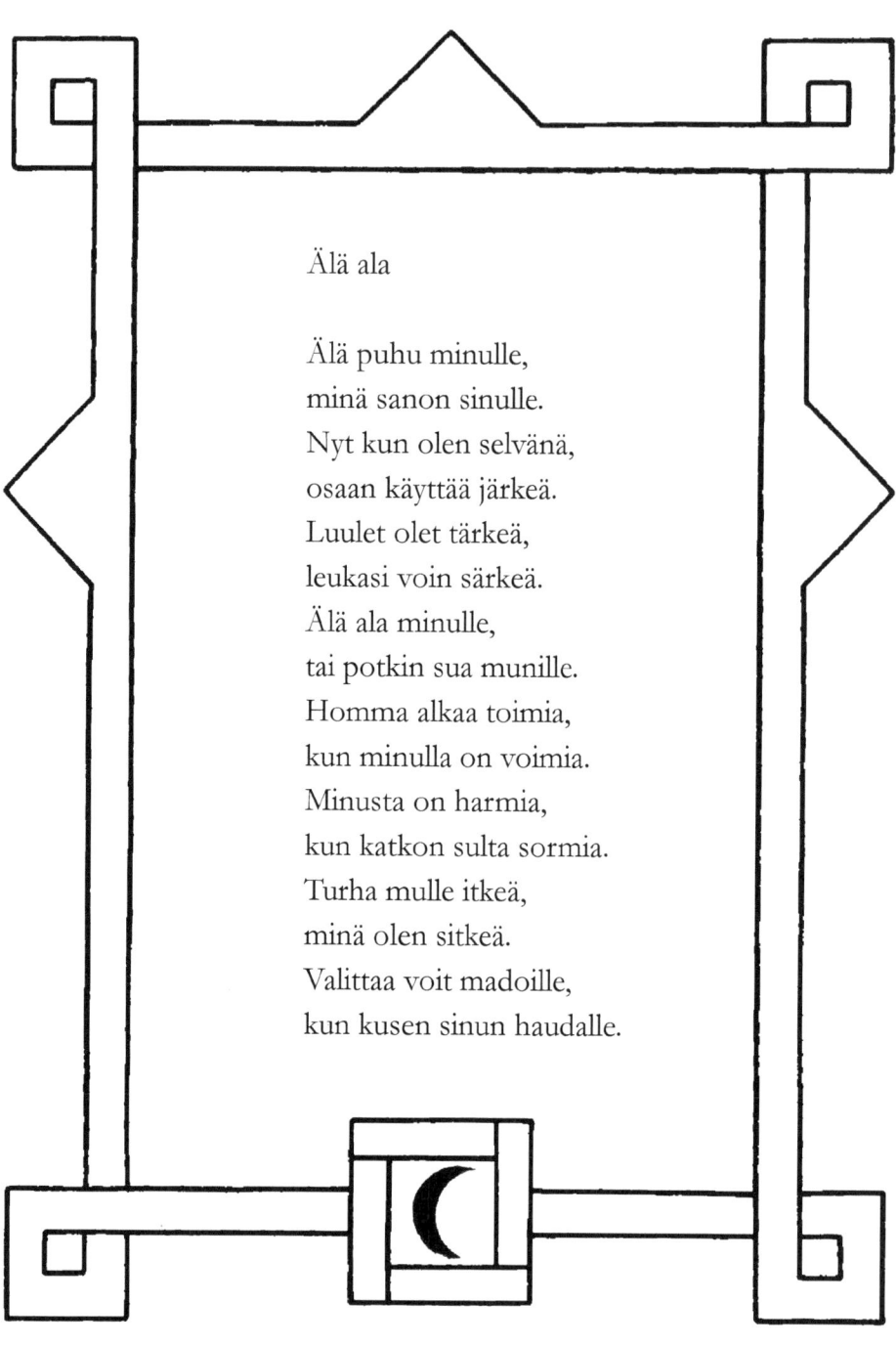

Älä ala

Älä puhu minulle,
minä sanon sinulle.
Nyt kun olen selvänä,
osaan käyttää järkeä.
Luulet olet tärkeä,
leukasi voin särkeä.
Älä ala minulle,
tai potkin sua munille.
Homma alkaa toimia,
kun minulla on voimia.
Minusta on harmia,
kun katkon sulta sormia.
Turha mulle itkeä,
minä olen sitkeä.
Valittaa voit madoille,
kun kusen sinun haudalle.

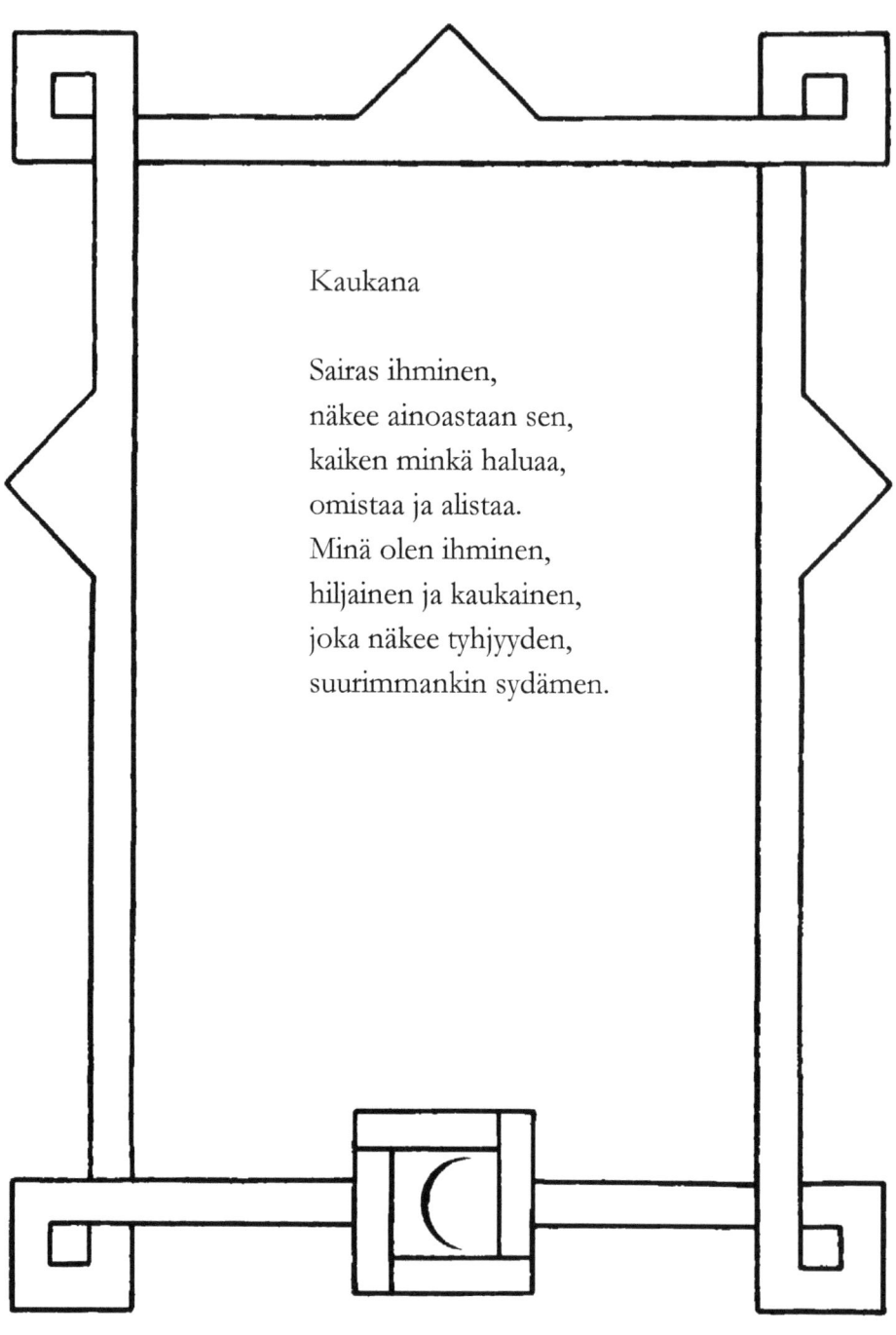

Kaukana

Sairas ihminen,
näkee ainoastaan sen,
kaiken minkä haluaa,
omistaa ja alistaa.
Minä olen ihminen,
hiljainen ja kaukainen,
joka näkee tyhjyyden,
suurimmankin sydämen.

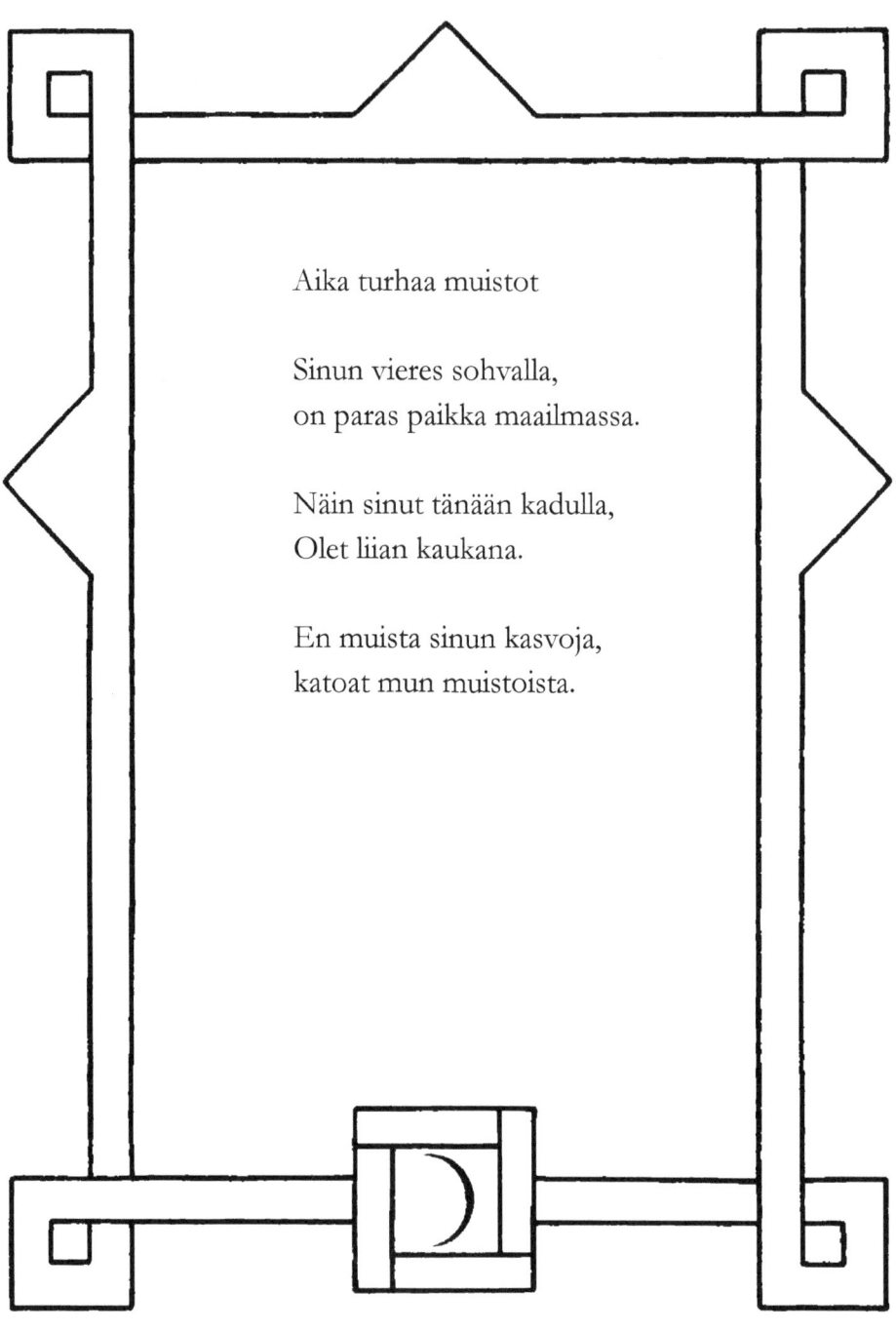

Aika turhaa muistot

Sinun vieres sohvalla,
on paras paikka maailmassa.

Näin sinut tänään kadulla,
Olet liian kaukana.

En muista sinun kasvoja,
katoat mun muistoista.

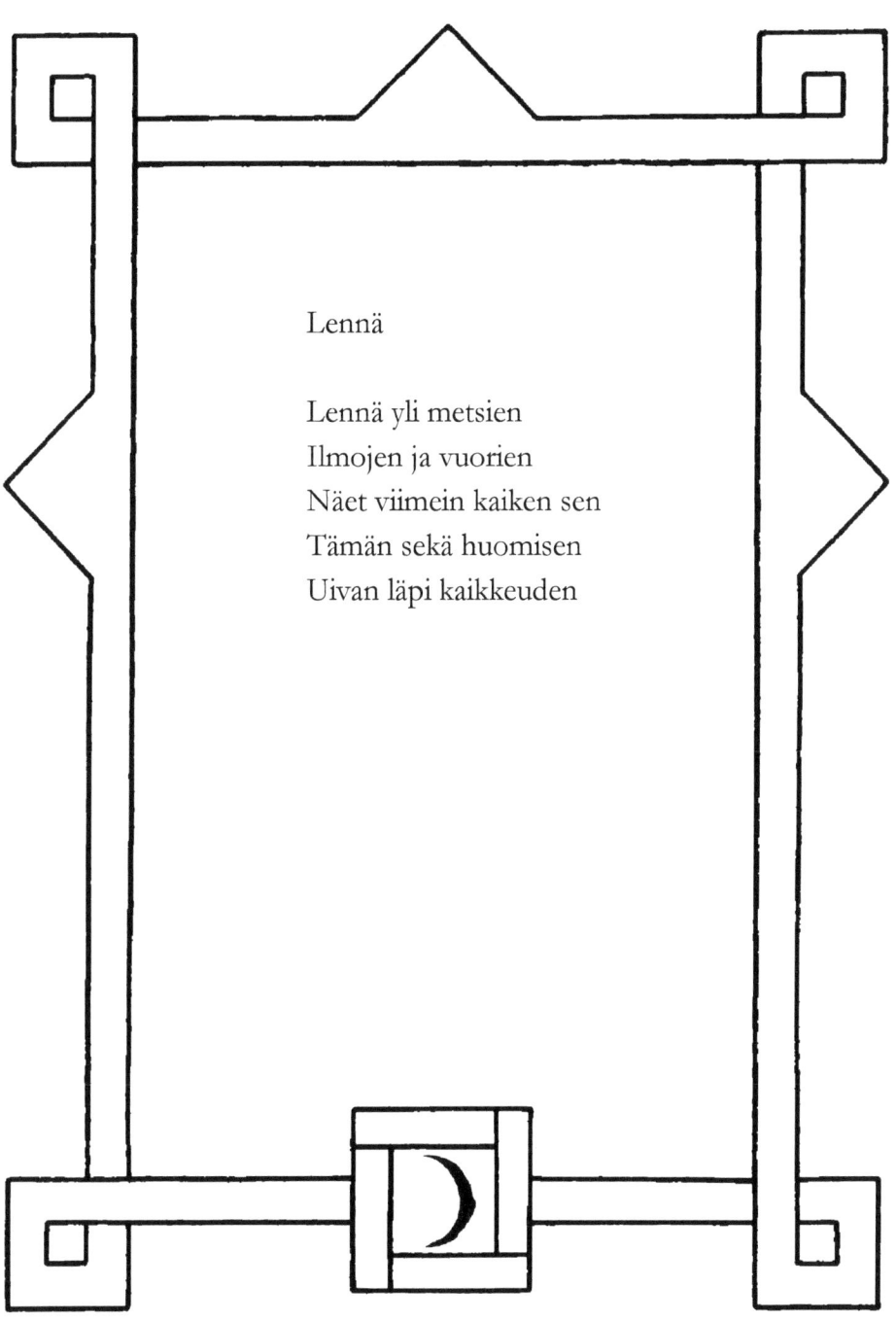

Lennä

Lennä yli metsien
Ilmojen ja vuorien
Näet viimein kaiken sen
Tämän sekä huomisen
Uivan läpi kaikkeuden

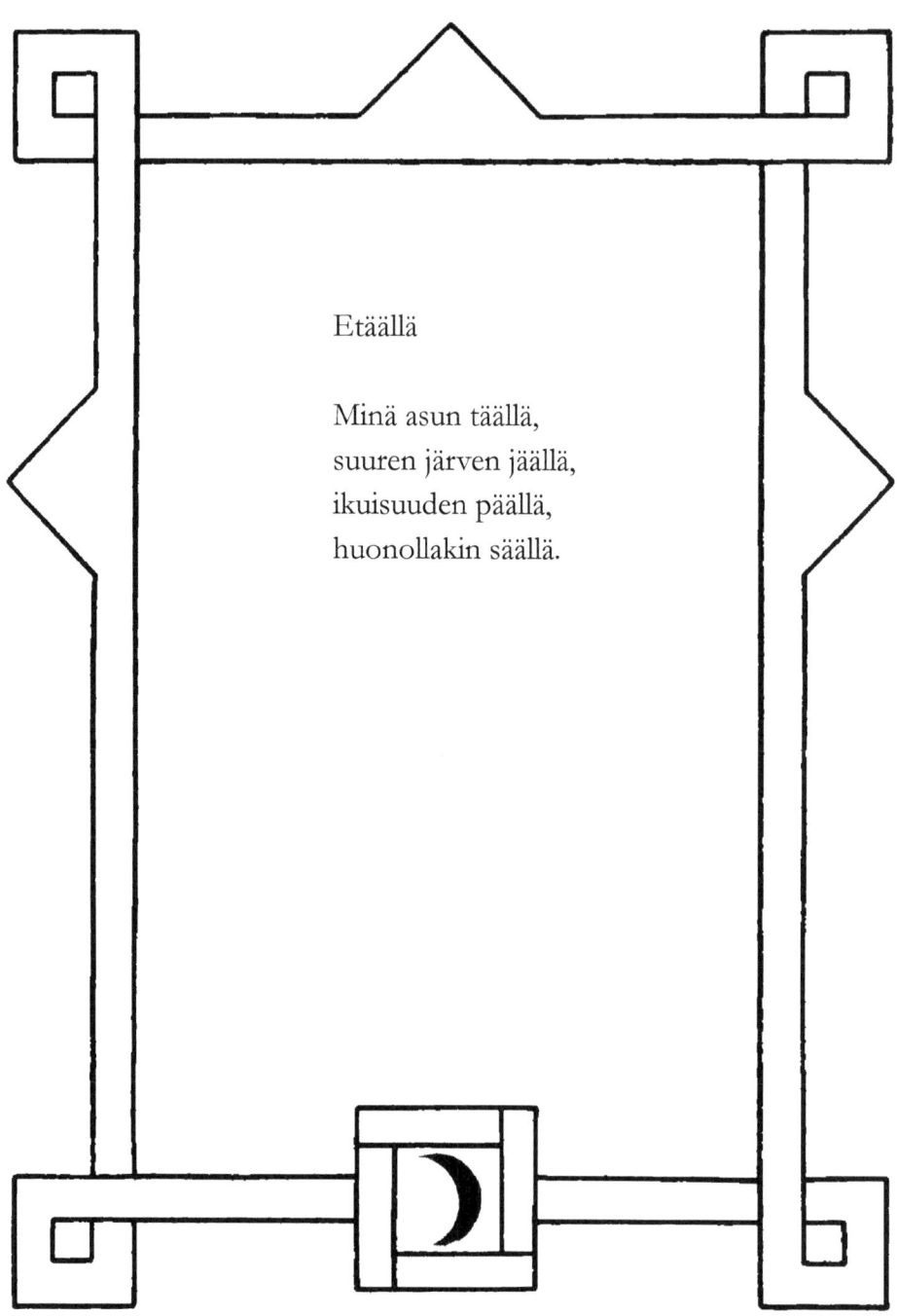

Etäällä

Minä asun täällä,
suuren järven jäällä,
ikuisuuden päällä,
huonollakin säällä.

En voi käsittää

En voi ymmärtää.
Tätä vitun elämää.
Miksi hyvä häviää.
Miksi kaikki paska jää.

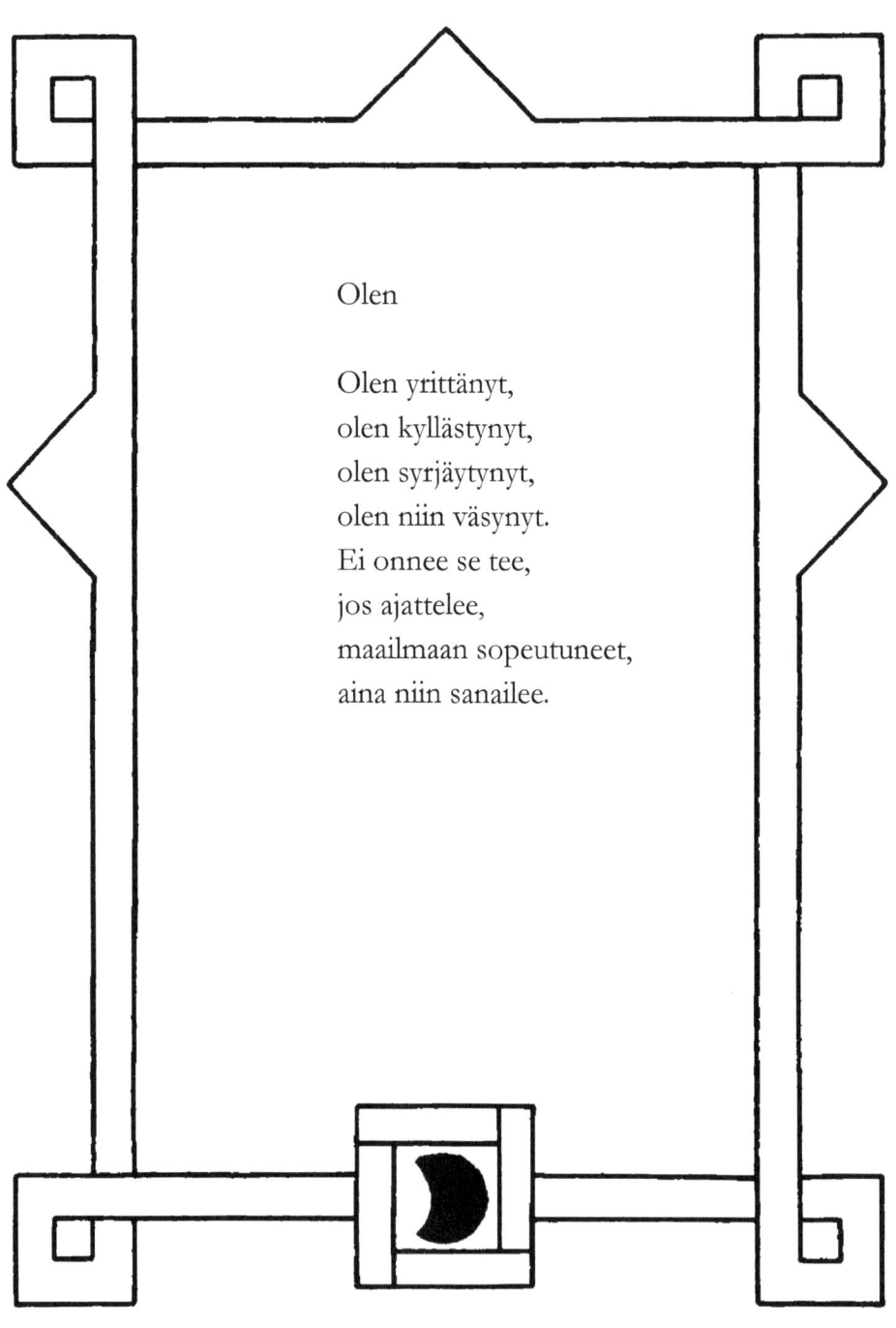

Olen

Olen yrittänyt,
olen kyllästynyt,
olen syrjäytynyt,
olen niin väsynyt.
Ei onnee se tee,
jos ajattelee,
maailmaan sopeutuneet,
aina niin sanailee.

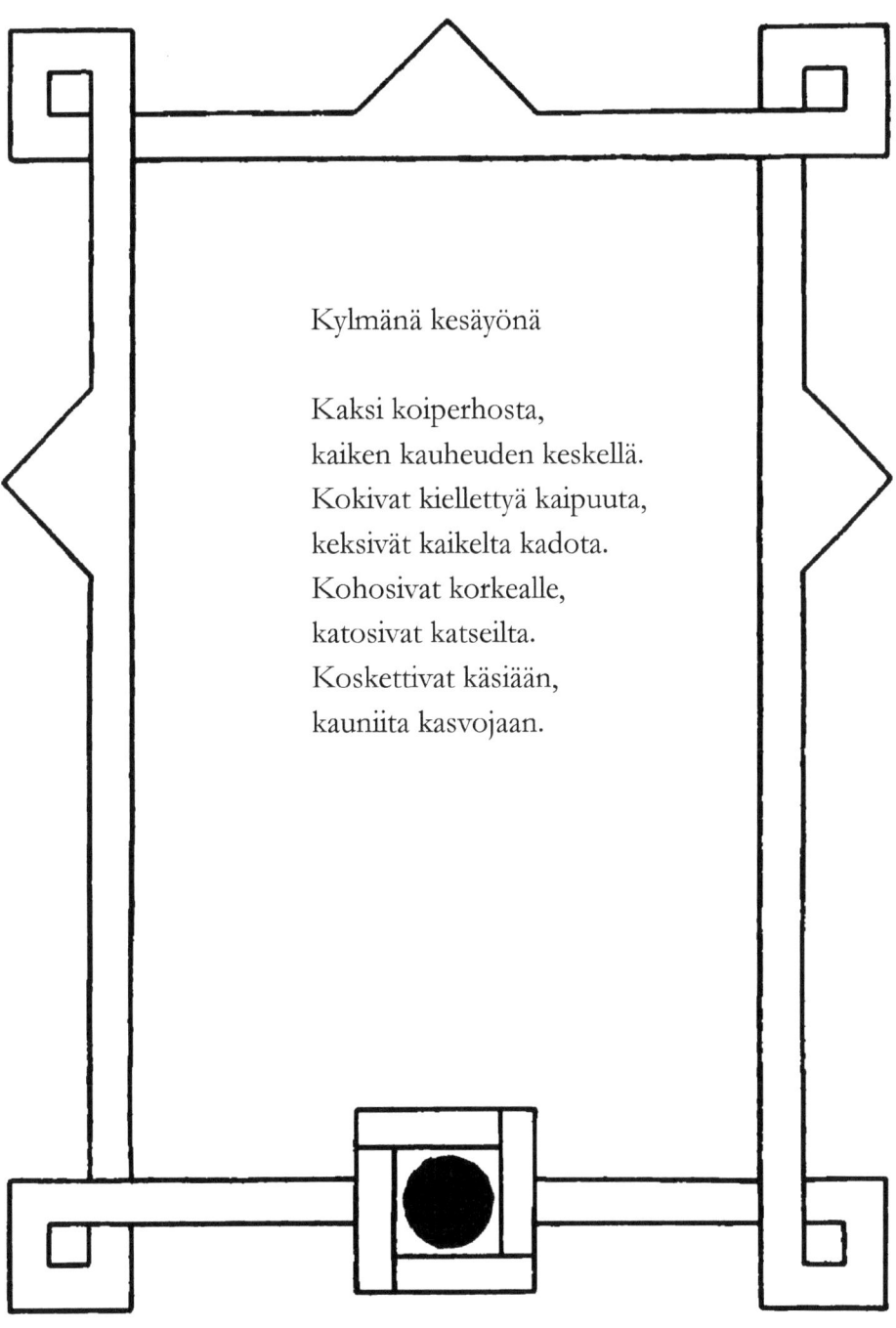

Kylmänä kesäyönä

Kaksi koiperhosta,
kaiken kauheuden keskellä.
Kokivat kiellettyä kaipuuta,
keksivät kaikelta kadota.
Kohosivat korkealle,
katosivat katseilta.
Koskettivat käsiään,
kauniita kasvojaan.

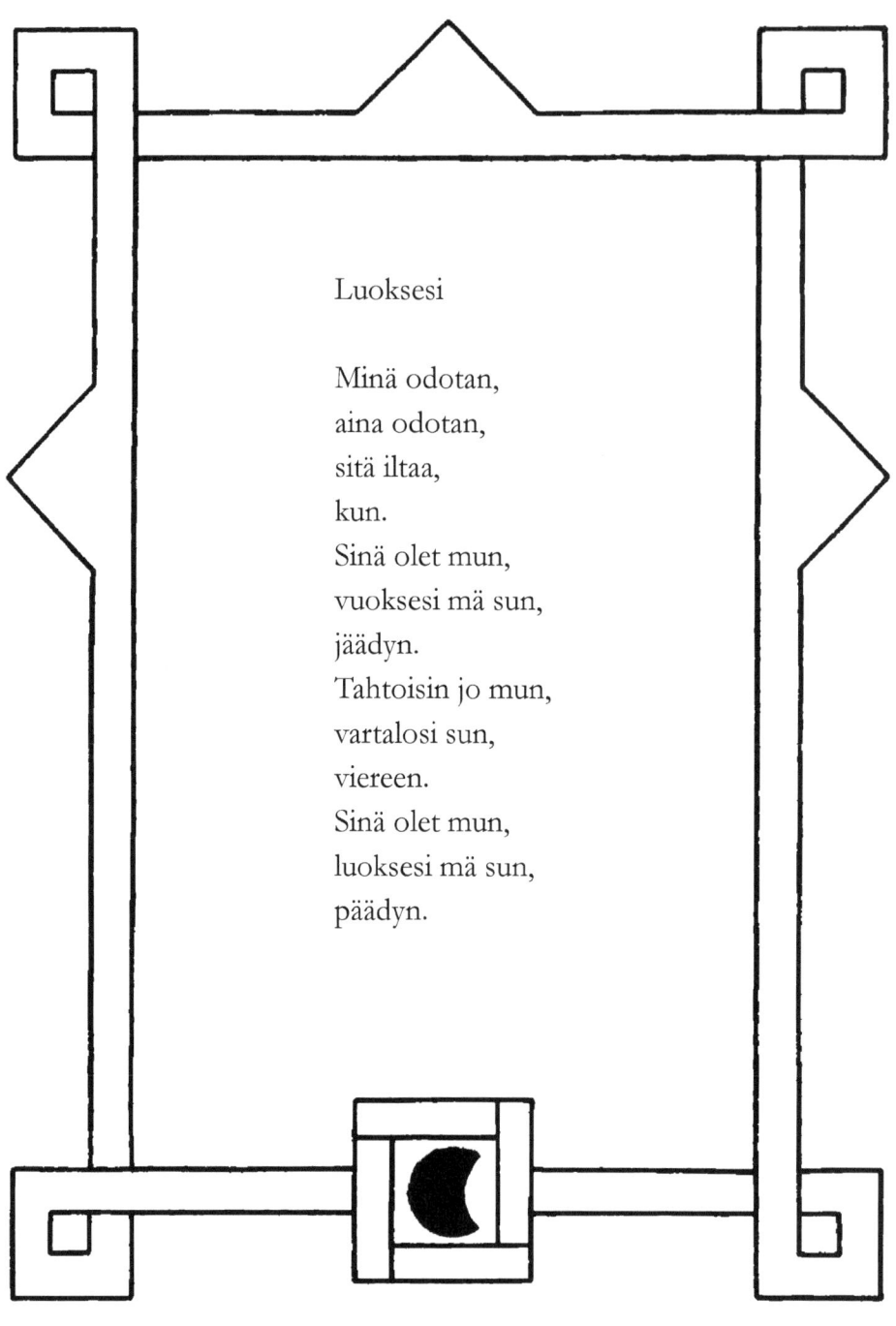

Luoksesi

Minä odotan,
aina odotan,
sitä iltaa,
kun.
Sinä olet mun,
vuoksesi mä sun,
jäädyn.
Tahtoisin jo mun,
vartalosi sun,
viereen.
Sinä olet mun,
luoksesi mä sun,
päädyn.

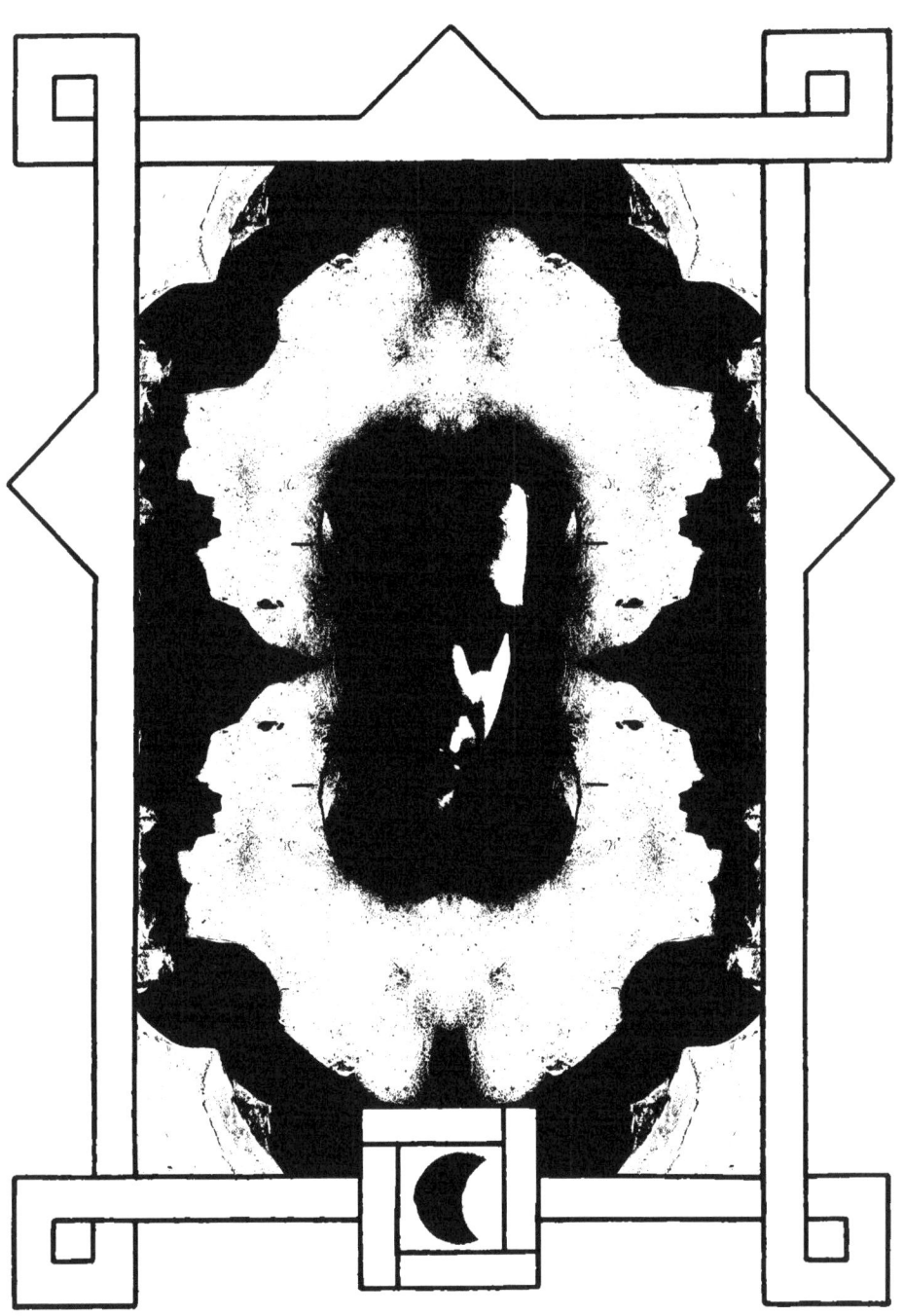

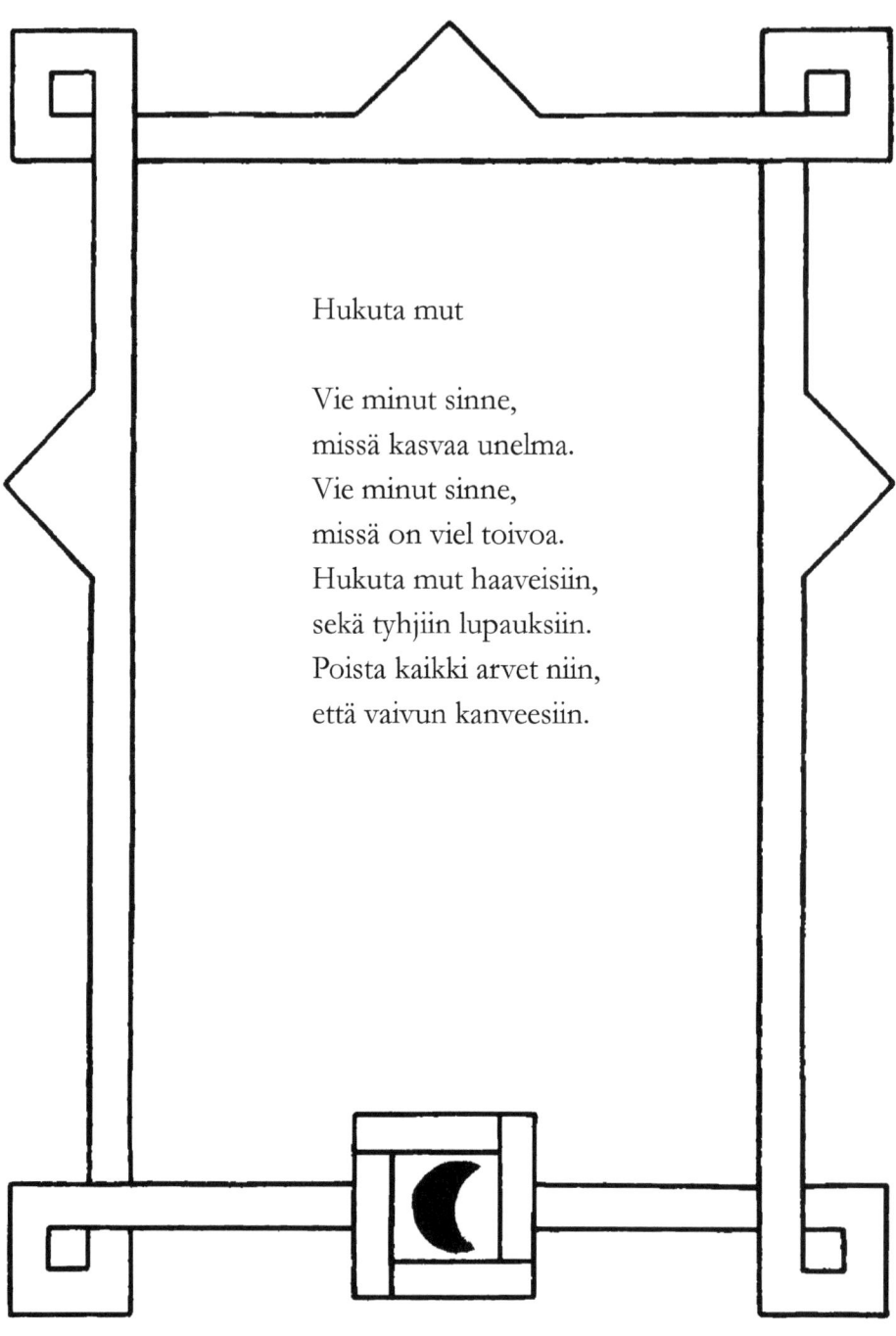

Hukuta mut

Vie minut sinne,
missä kasvaa unelma.
Vie minut sinne,
missä on viel toivoa.
Hukuta mut haaveisiin,
sekä tyhjiin lupauksiin.
Poista kaikki arvet niin,
että vaivun kanveesiin.

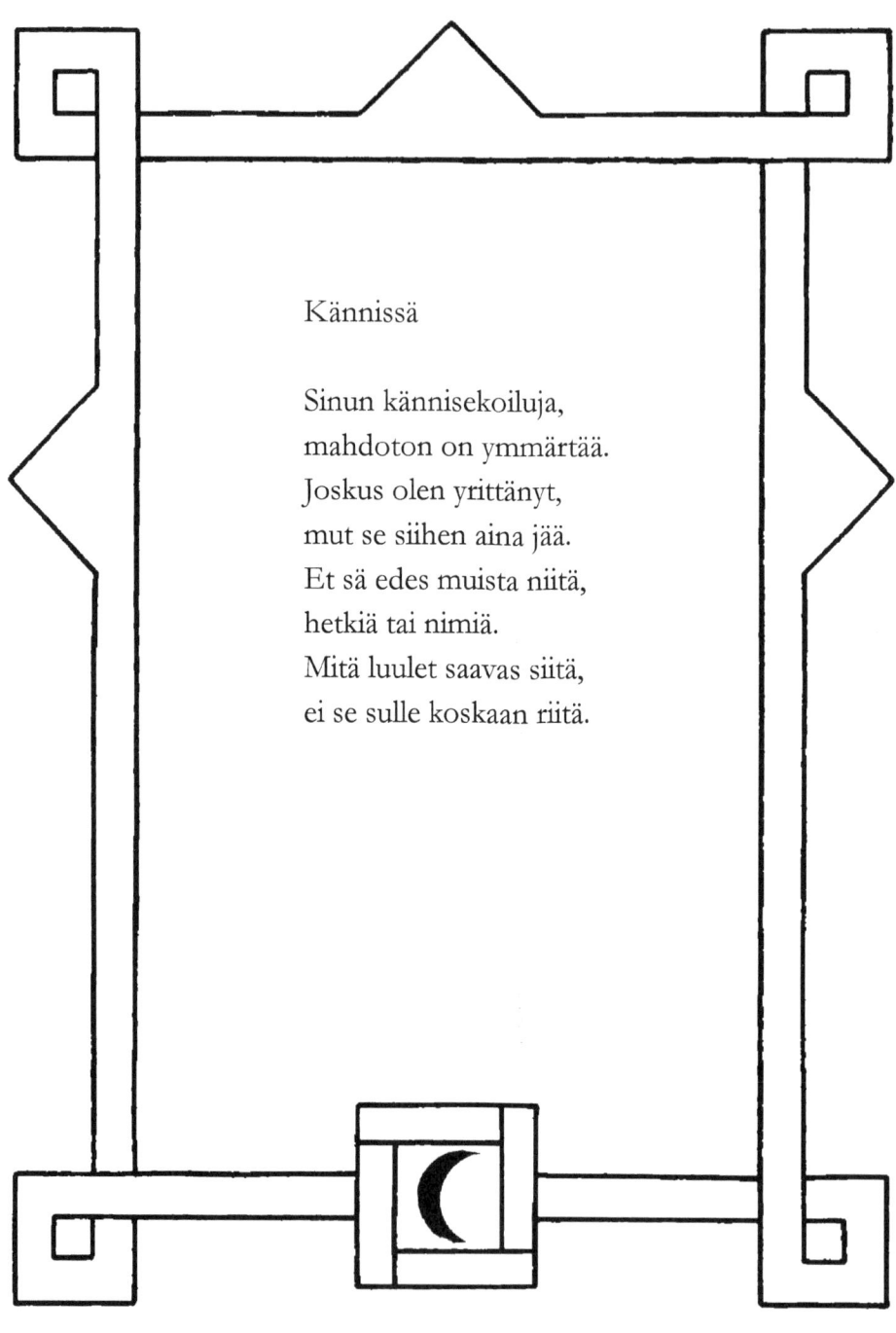

Kännissä

Sinun kännisekoiluja,
mahdoton on ymmärtää.
Joskus olen yrittänyt,
mut se siihen aina jää.
Et sä edes muista niitä,
hetkiä tai nimiä.
Mitä luulet saavas siitä,
ei se sulle koskaan riitä.

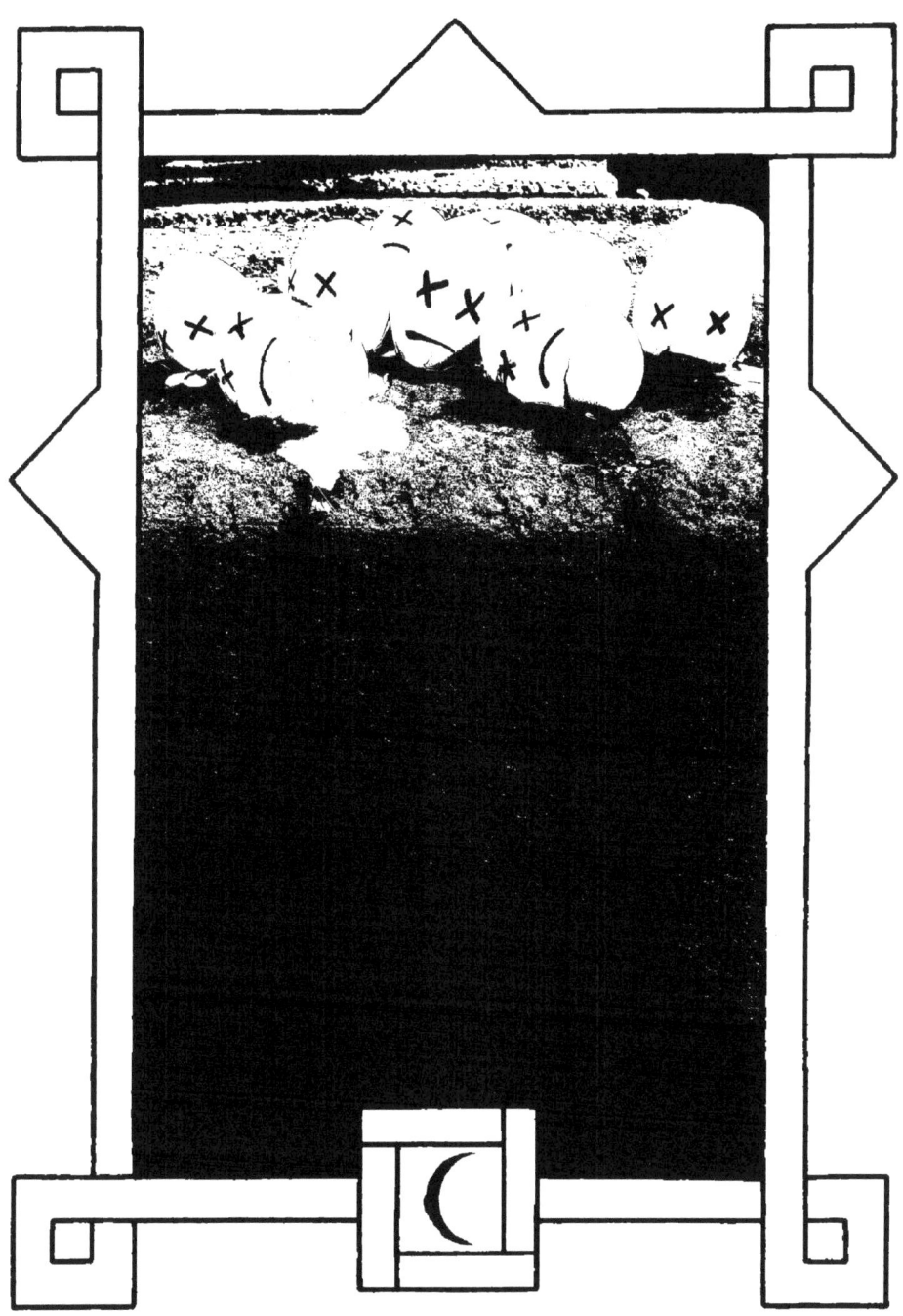

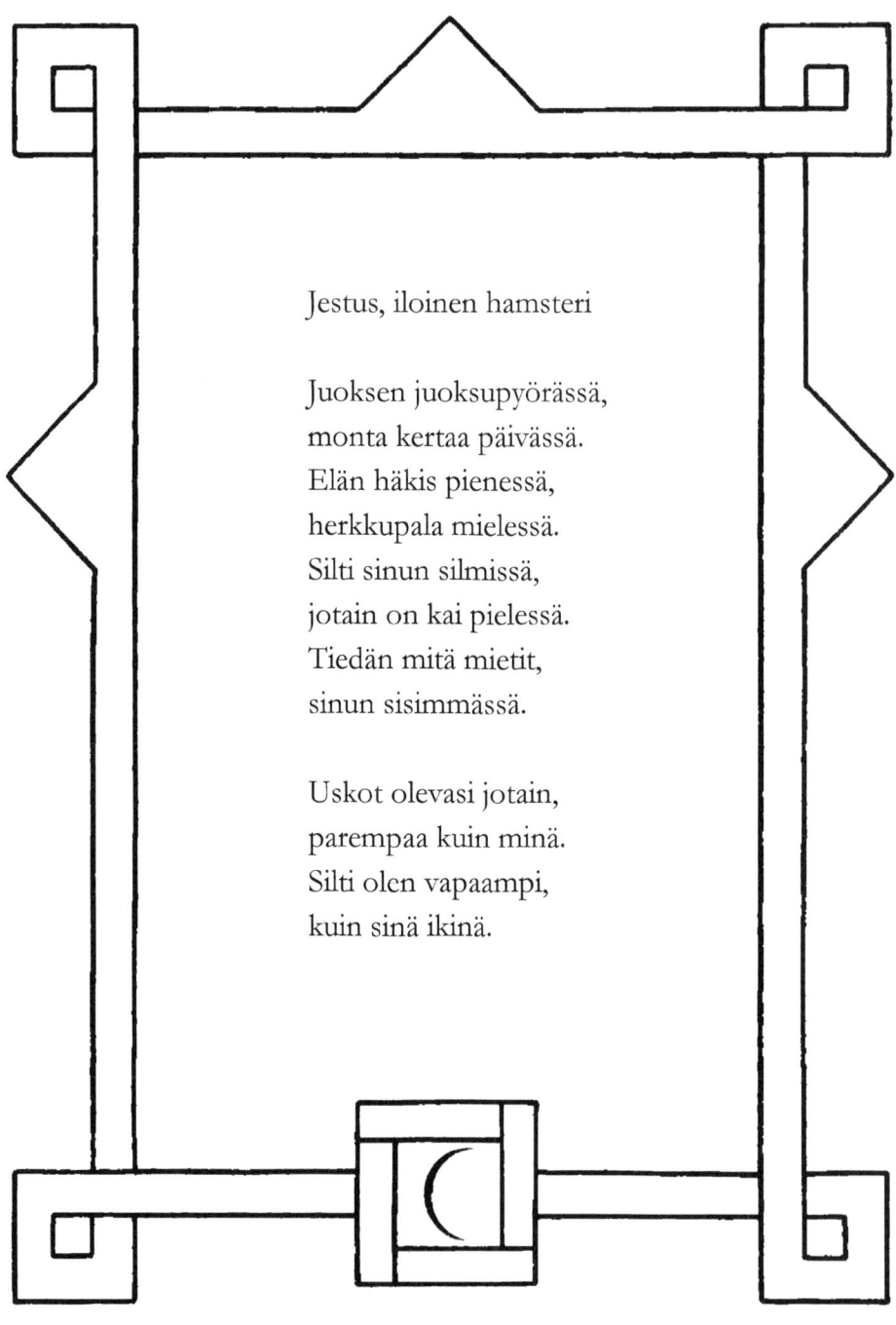

Jestus, iloinen hamsteri

Juoksen juoksupyörässä,
monta kertaa päivässä.
Elän häkis pienessä,
herkkupala mielessä.
Silti sinun silmissä,
jotain on kai pielessä.
Tiedän mitä mietit,
sinun sisimmässä.

Uskot olevasi jotain,
parempaa kuin minä.
Silti olen vapaampi,
kuin sinä ikinä.

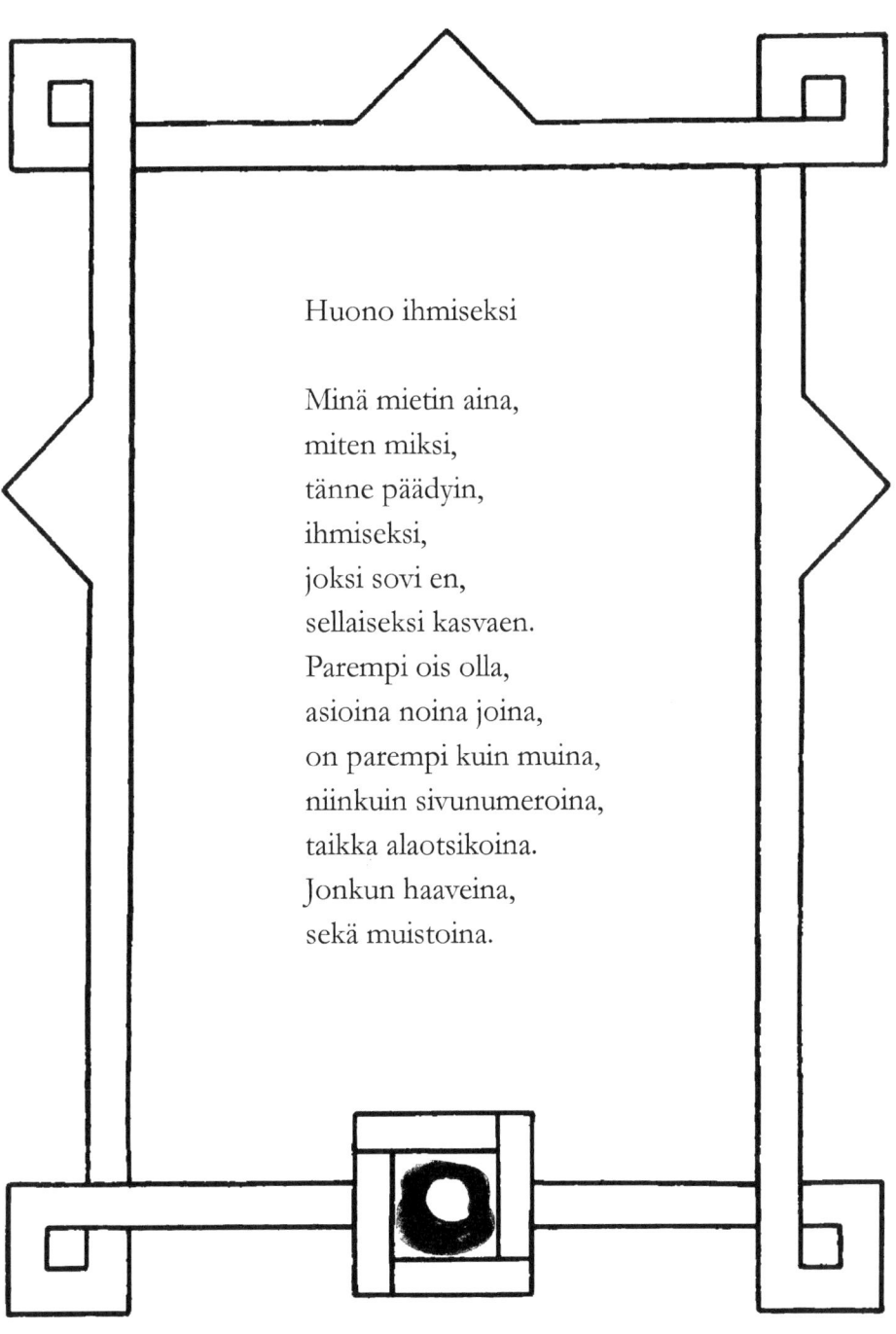

Huono ihmiseksi

Minä mietin aina,
miten miksi,
tänne päädyin,
ihmiseksi,
joksi sovi en,
sellaiseksi kasvaen.
Parempi ois olla,
asioina noina joina,
on parempi kuin muina,
niinkuin sivunumeroina,
taikka alaotsikoina.
Jonkun haaveina,
sekä muistoina.

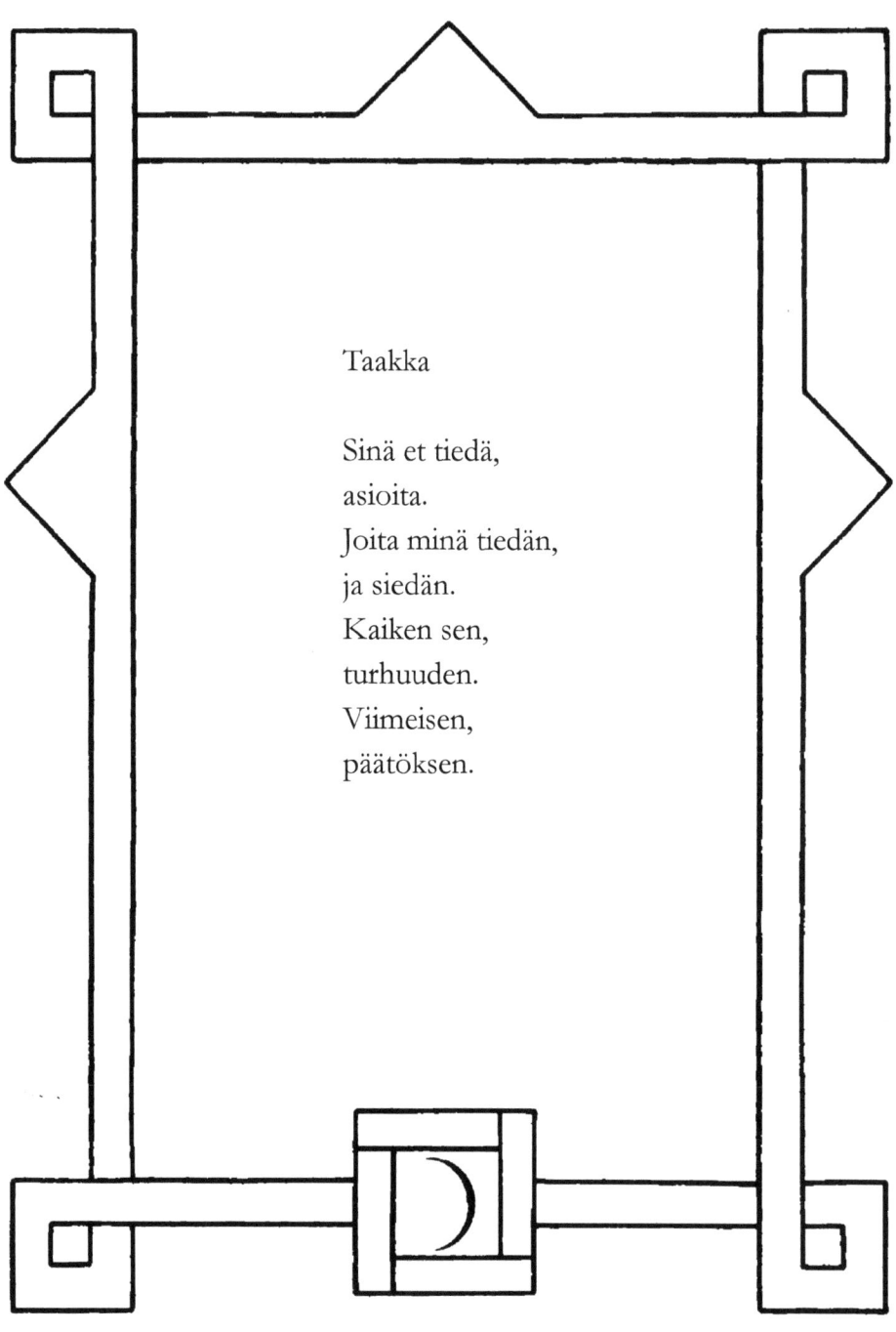

Taakka

Sinä et tiedä,
asioita.
Joita minä tiedän,
ja siedän.
Kaiken sen,
turhuuden.
Viimeisen,
päätöksen.

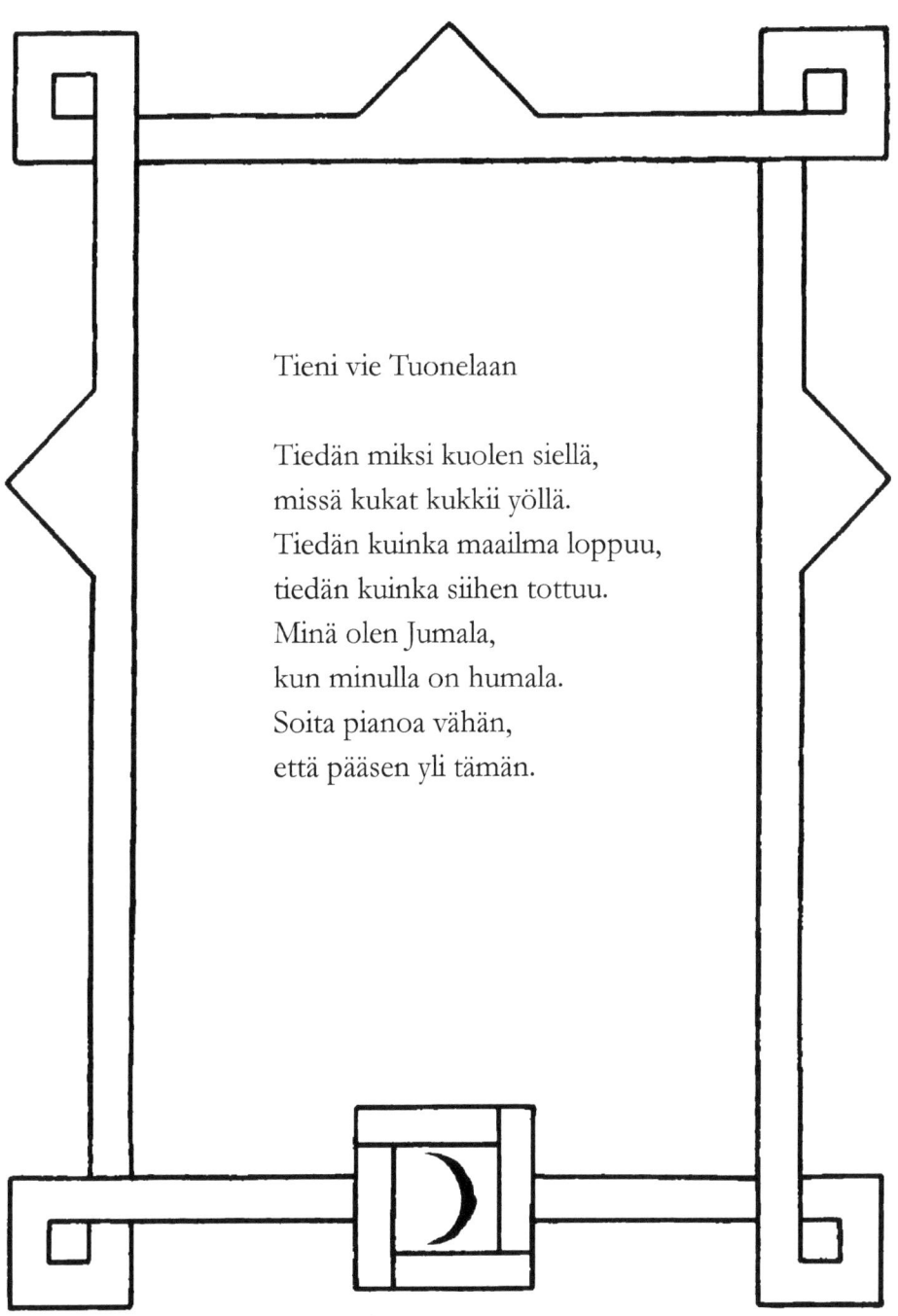

Tieni vie Tuonelaan

Tiedän miksi kuolen siellä,
missä kukat kukkii yöllä.
Tiedän kuinka maailma loppuu,
tiedän kuinka siihen tottuu.
Minä olen Jumala,
kun minulla on humala.
Soita pianoa vähän,
että pääsen yli tämän.

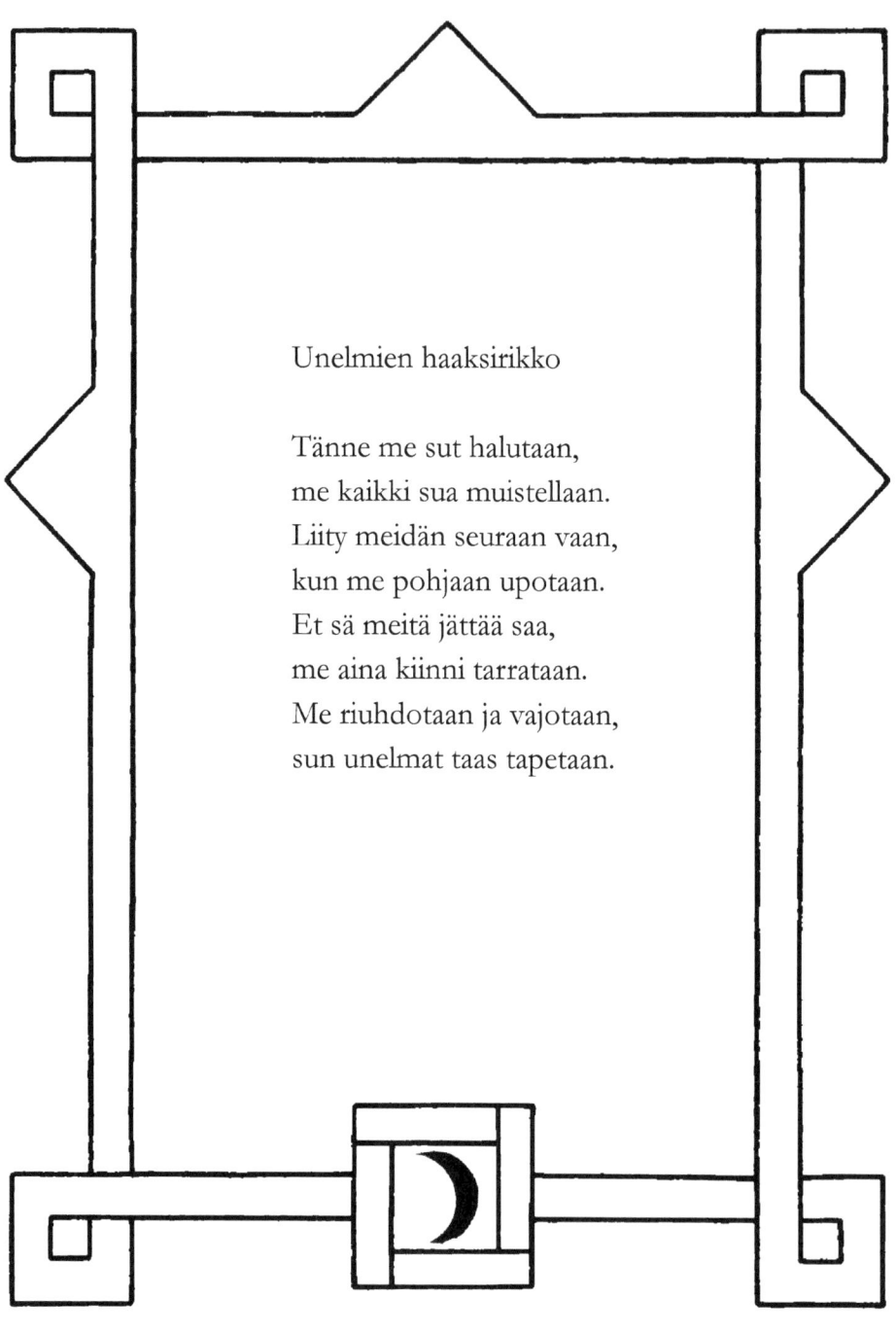

Unelmien haaksirikko

Tänne me sut halutaan,
me kaikki sua muistellaan.
Liity meidän seuraan vaan,
kun me pohjaan upotaan.
Et sä meitä jättää saa,
me aina kiinni tarrataan.
Me riuhdotaan ja vajotaan,
sun unelmat taas tapetaan.

Maailman napa

Olet niitä ihmisiä,
jotka liikaa yrittää.
Et sä ole maailman napa,
se joku päivä selviää.
Vaikka niin sä haluat luulla,
sinunkin on aika kuulla,
maailmassa on monta muuta,
ihmistä ja totuutta.
Eikä niiden harhaluulot,
eroa sun omista.

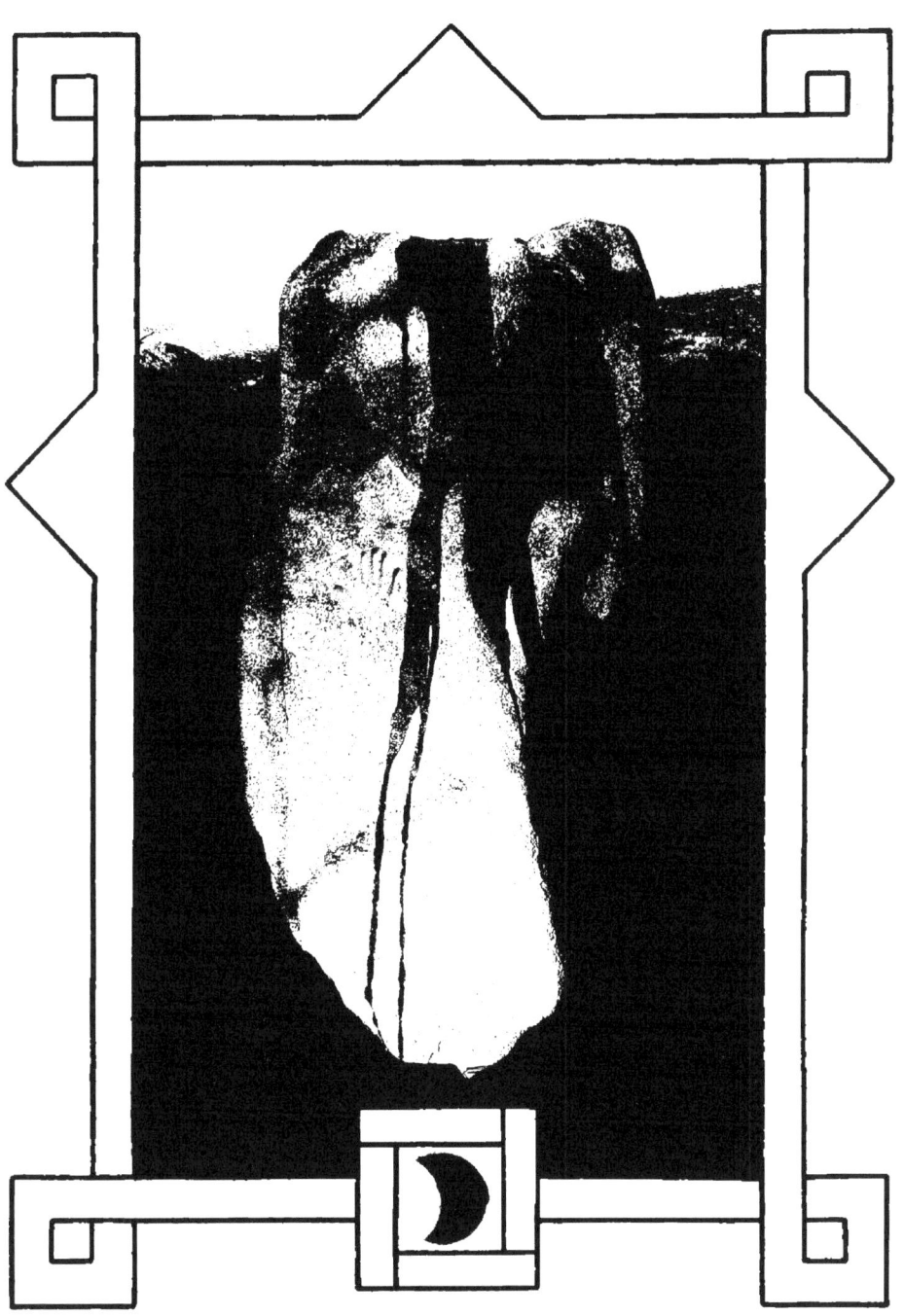

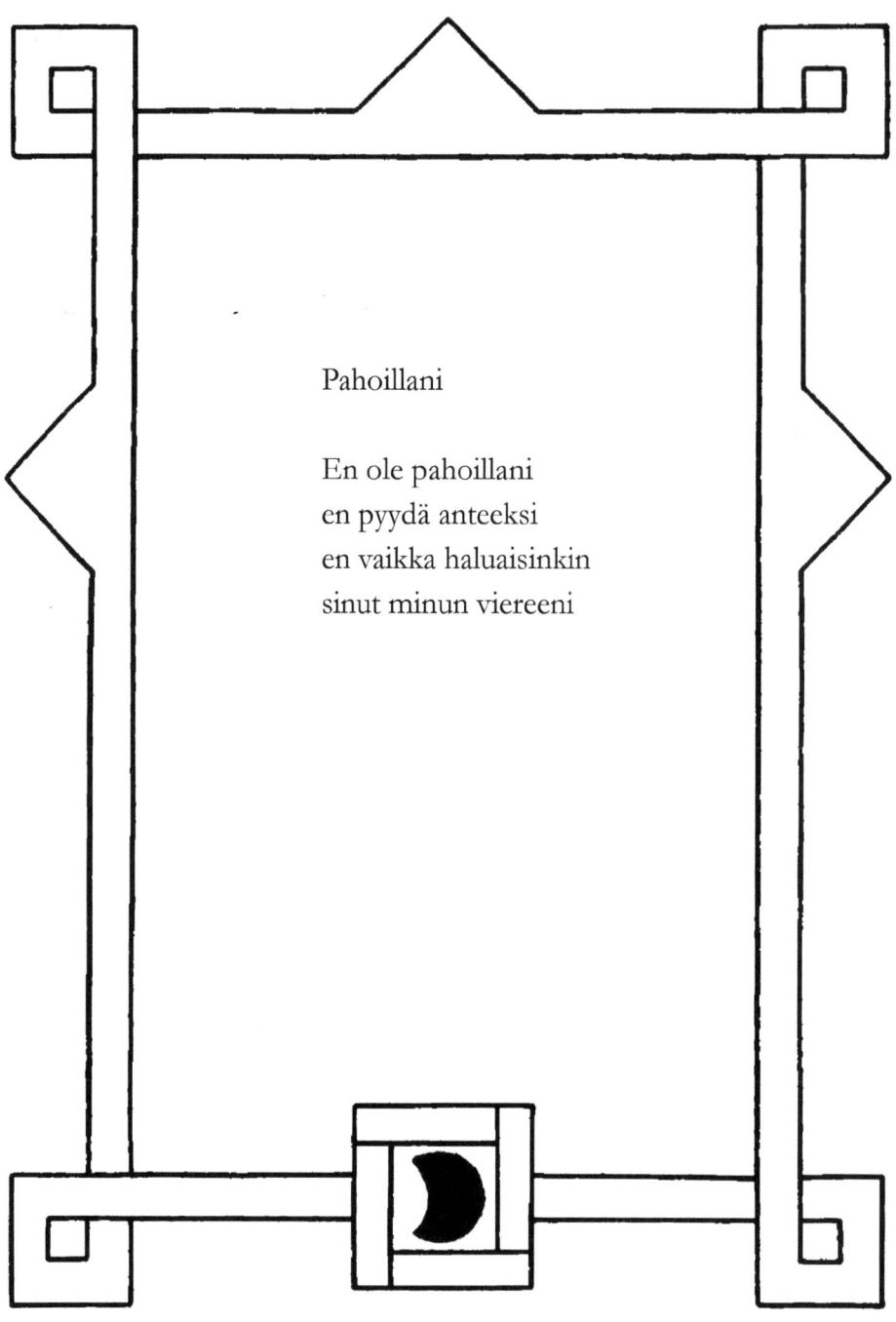

Pahoillani

En ole pahoillani
en pyydä anteeksi
en vaikka haluaisinkin
sinut minun viereeni

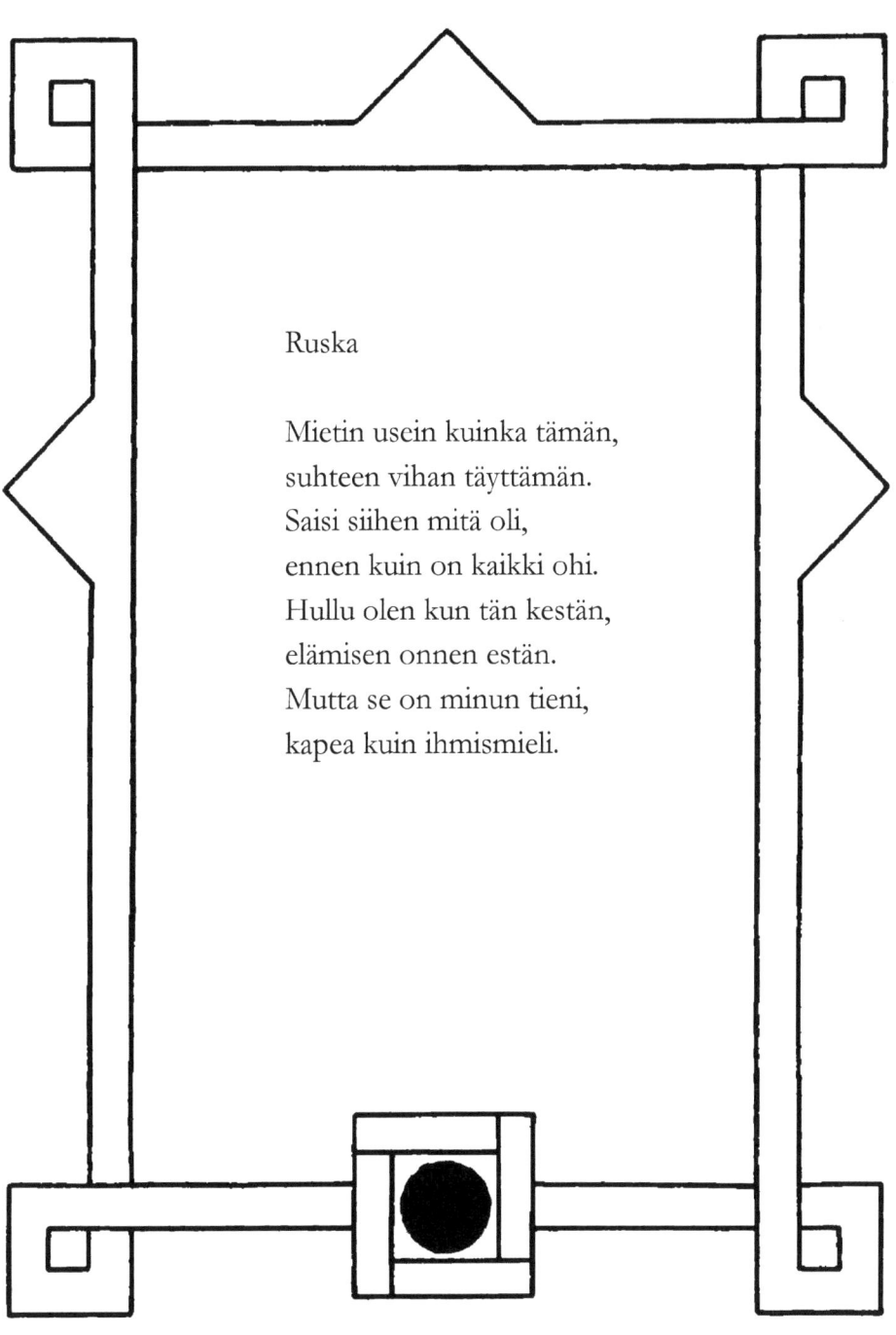

Ruska

Mietin usein kuinka tämän,
suhteen vihan täyttämän.
Saisi siihen mitä oli,
ennen kuin on kaikki ohi.
Hullu olen kun tän kestän,
elämisen onnen estän.
Mutta se on minun tieni,
kapea kuin ihmismieli.

Vankina

Tyhjyys ajaa hankkimaan,
aina lisää mammonaa.
Sillä tavaroita saa,
jotka suhteen pelastaa.
Rakennetaan vankilaa,
jossa ei oo vartijaa.
Kai sillä lähemmäksi pääsee,
lopullista onneaan.

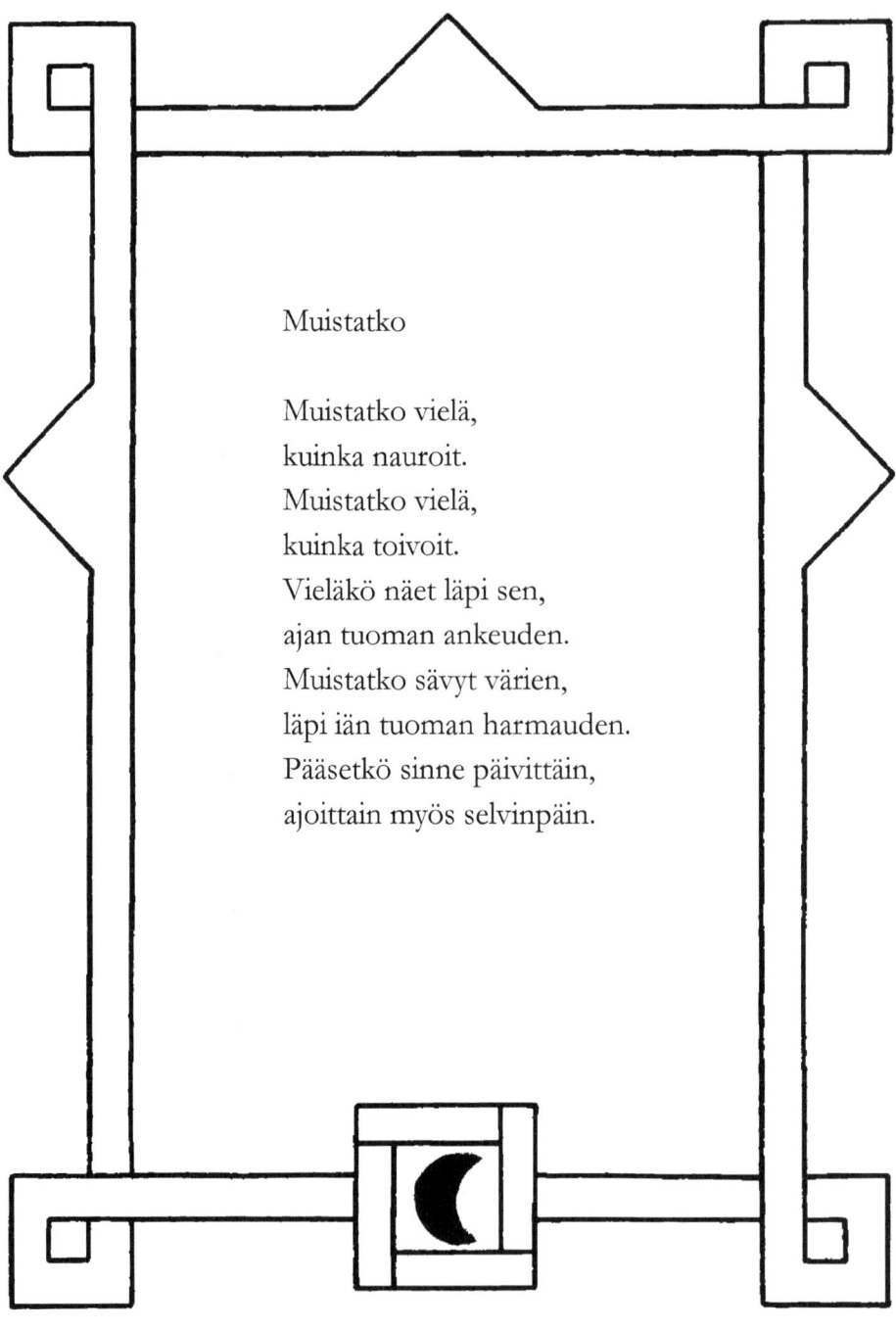

Muistatko

Muistatko vielä,
kuinka nauroit.
Muistatko vielä,
kuinka toivoit.
Vieläkö näet läpi sen,
ajan tuoman ankeuden.
Muistatko sävyt värien,
läpi iän tuoman harmauden.
Pääsetkö sinne päivittäin,
ajoittain myös selvinpäin.

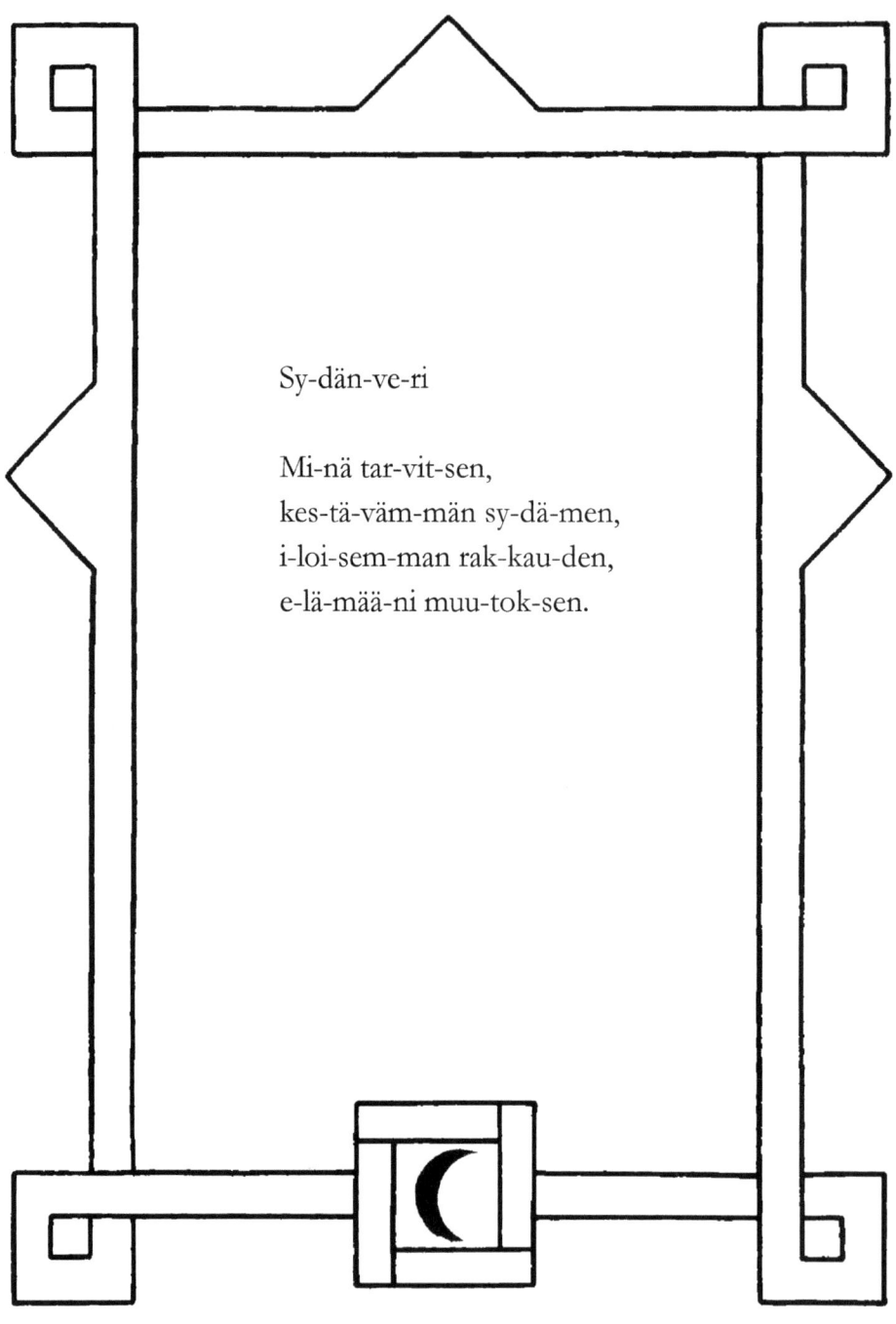

Sy-dän-ve-ri

Mi-nä tar-vit-sen,
kes-tä-väm-män sy-dä-men,
i-loi-sem-man rak-kau-den,
e-lä-mää-ni muu-tok-sen.

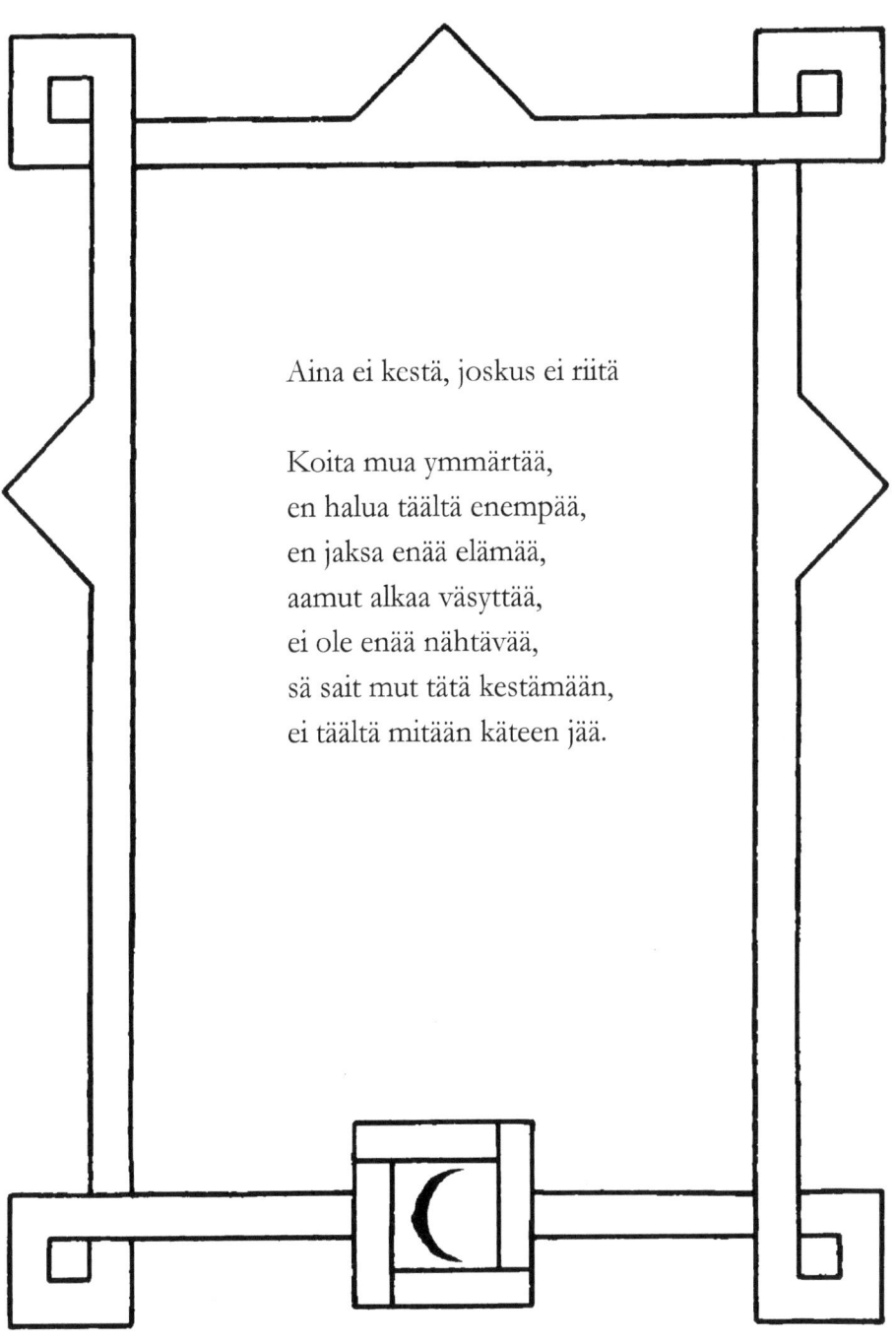

Aina ei kestä, joskus ei riitä

Koita mua ymmärtää,
en halua täältä enempää,
en jaksa enää elämää,
aamut alkaa väsyttää,
ei ole enää nähtävää,
sä sait mut tätä kestämään,
ei täältä mitään käteen jää.

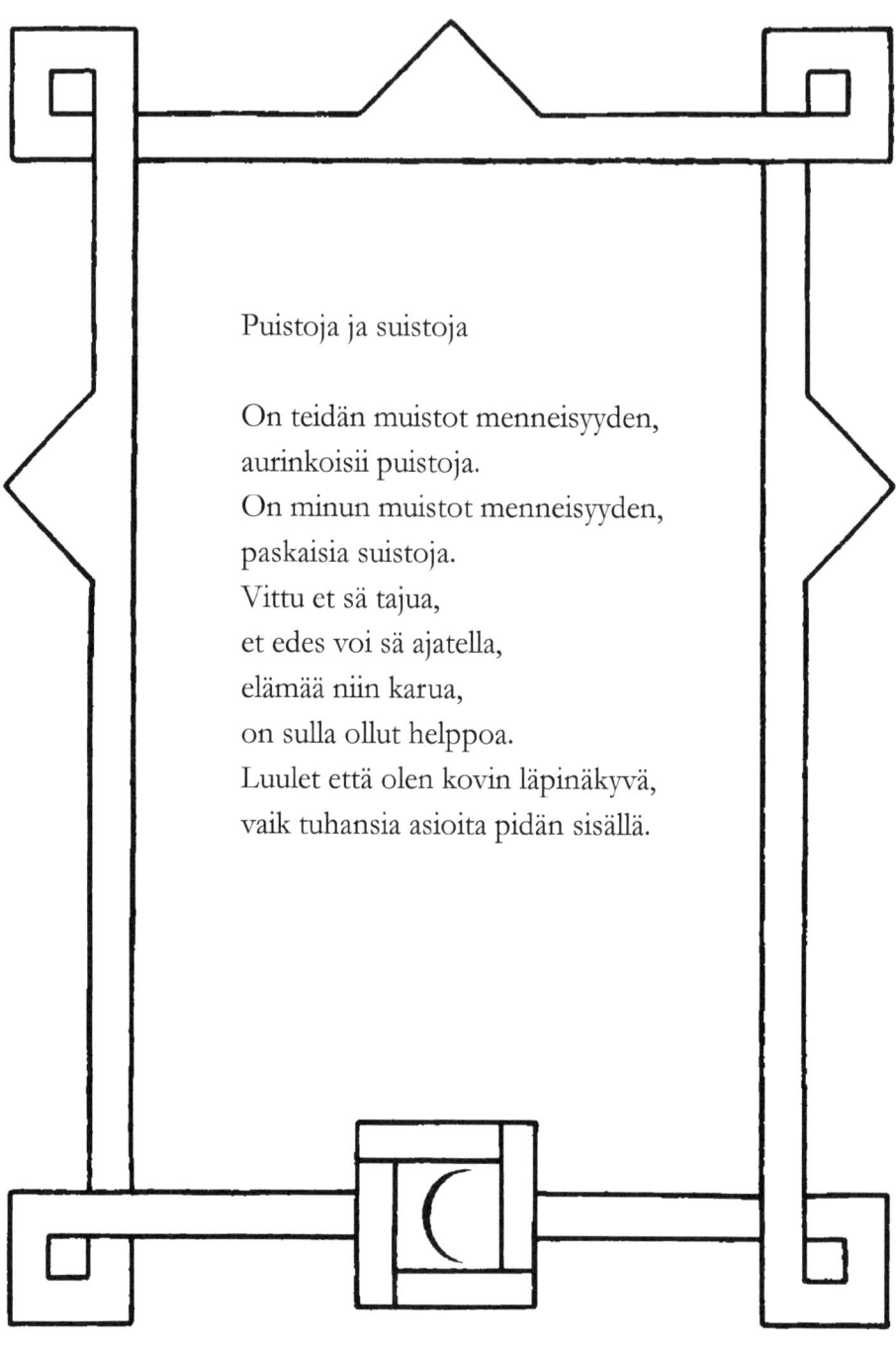

Puistoja ja suistoja

On teidän muistot menneisyyden,
aurinkoisii puistoja.
On minun muistot menneisyyden,
paskaisia suistoja.
Vittu et sä tajua,
et edes voi sä ajatella,
elämää niin karua,
on sulla ollut helppoa.
Luulet että olen kovin läpinäkyvä,
vaik tuhansia asioita pidän sisällä.

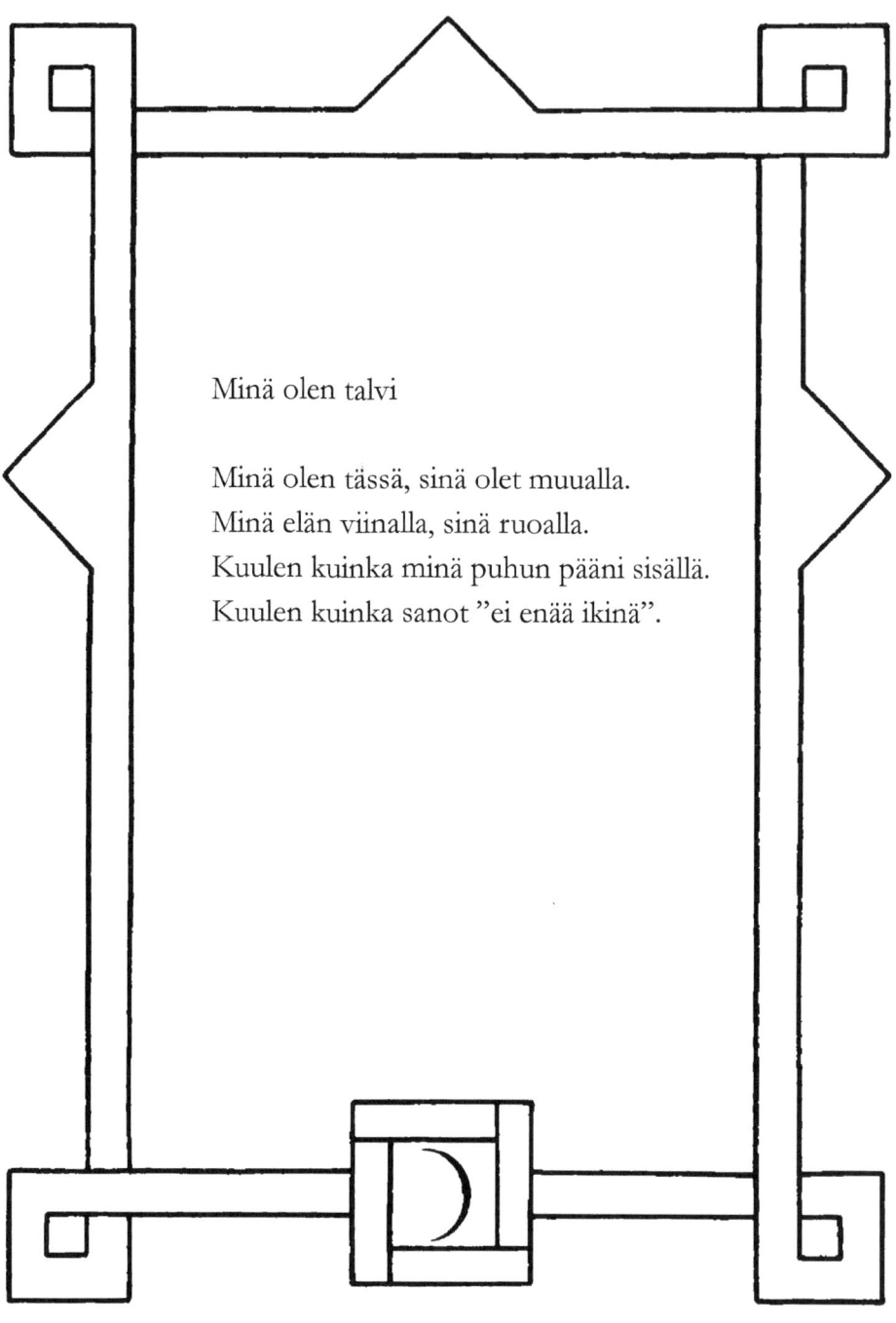

Minä olen talvi

Minä olen tässä, sinä olet muualla.
Minä elän viinalla, sinä ruoalla.
Kuulen kuinka minä puhun pääni sisällä.
Kuulen kuinka sanot "ei enää ikinä".

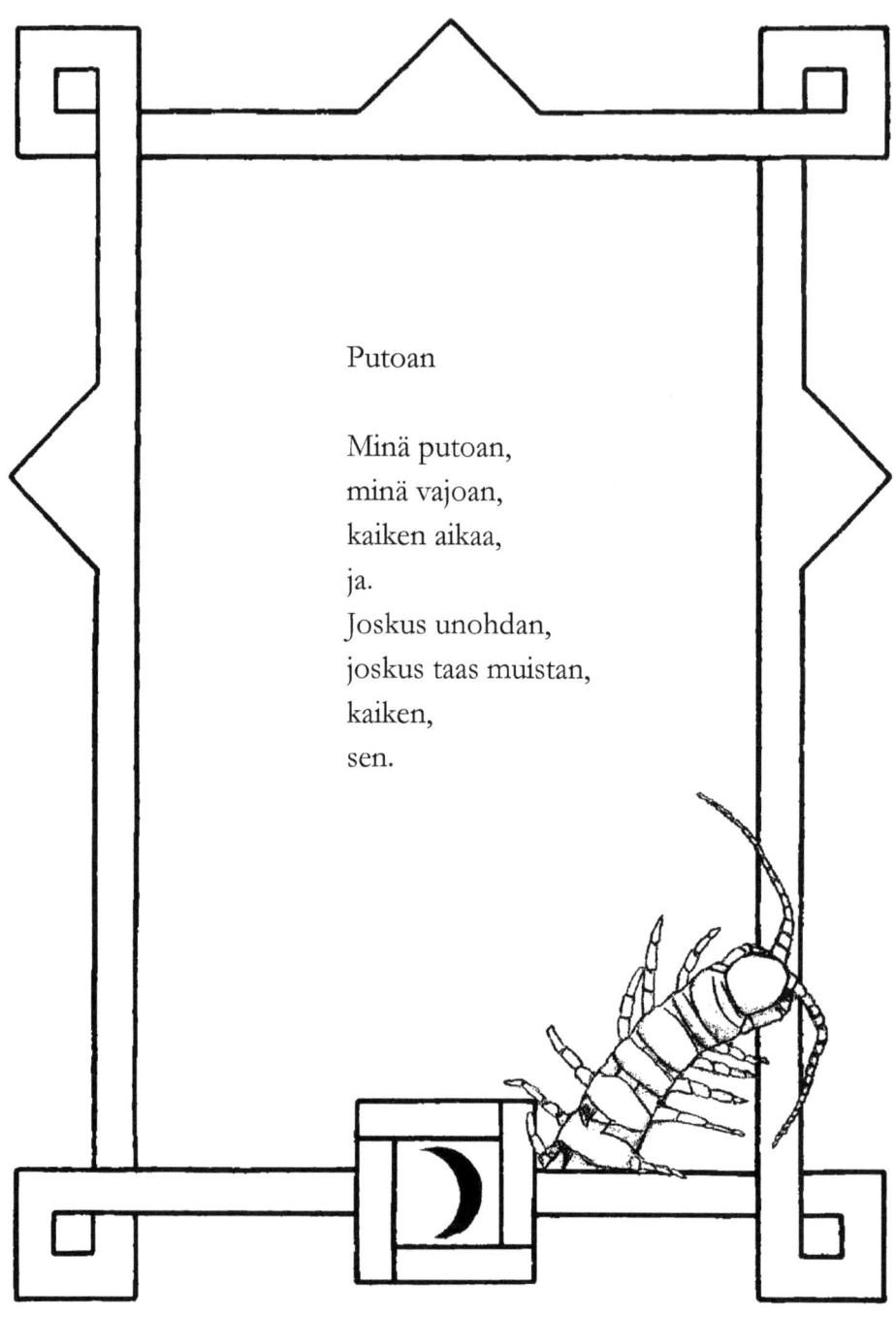

Putoan

Minä putoan,
minä vajoan,
kaiken aikaa,
ja.
Joskus unohdan,
joskus taas muistan,
kaiken,
sen.

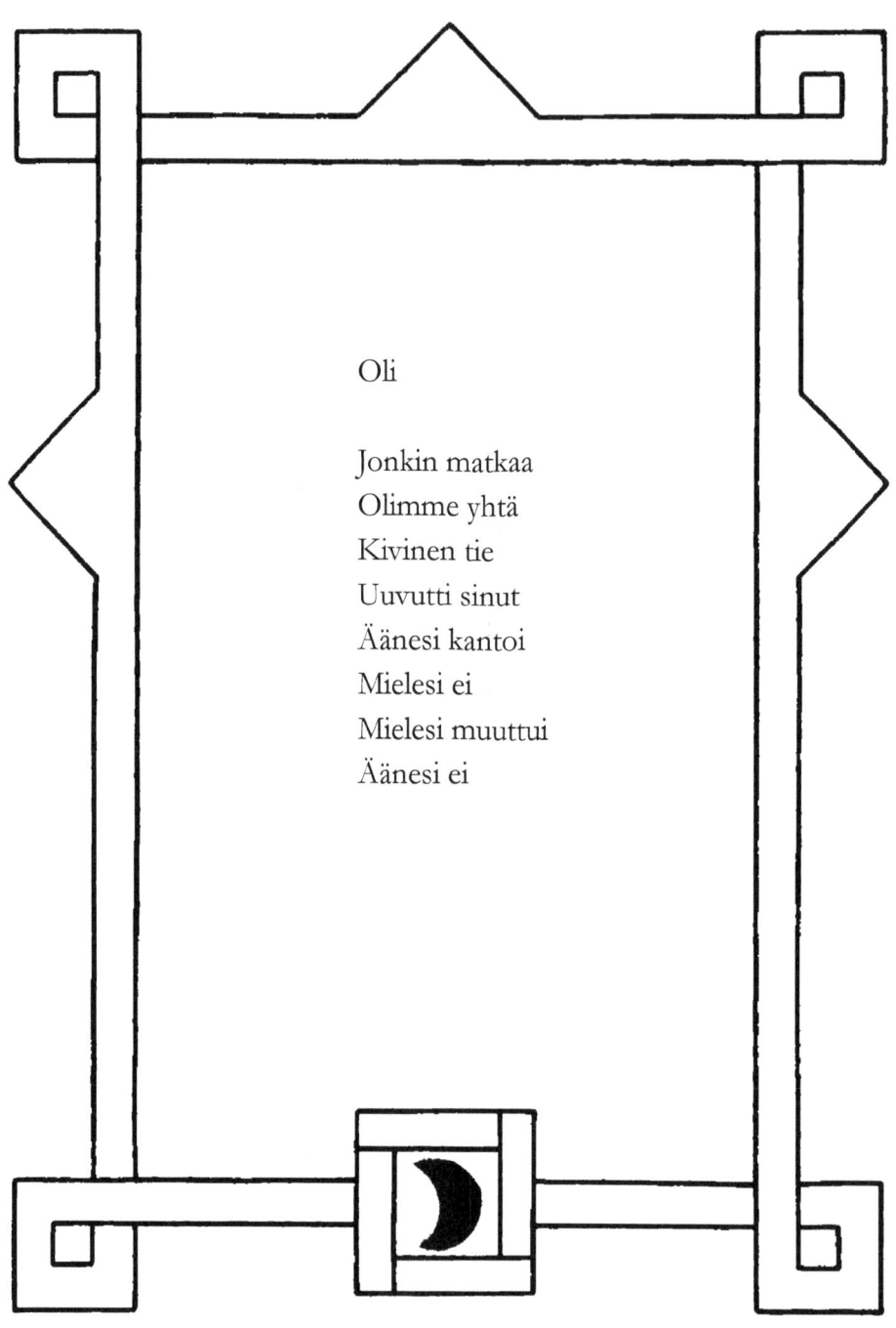

Oli

Jonkin matkaa
Olimme yhtä
Kivinen tie
Uuvutti sinut
Äänesi kantoi
Mielesi ei
Mielesi muuttui
Äänesi ei

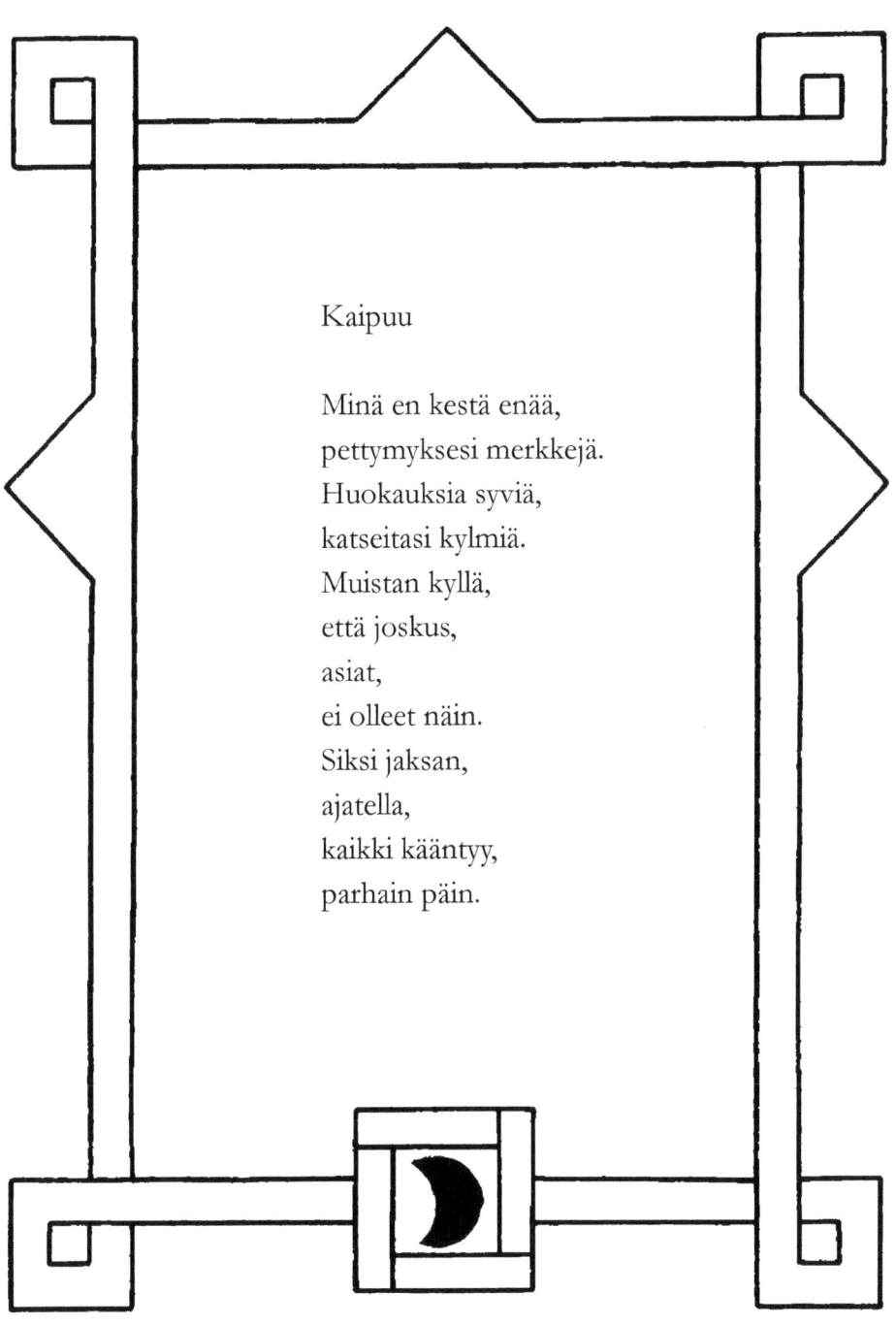

Kaipuu

Minä en kestä enää,
pettymyksesi merkkejä.
Huokauksia syviä,
katseitasi kylmiä.
Muistan kyllä,
että joskus,
asiat,
ei olleet näin.
Siksi jaksan,
ajatella,
kaikki kääntyy,
parhain päin.

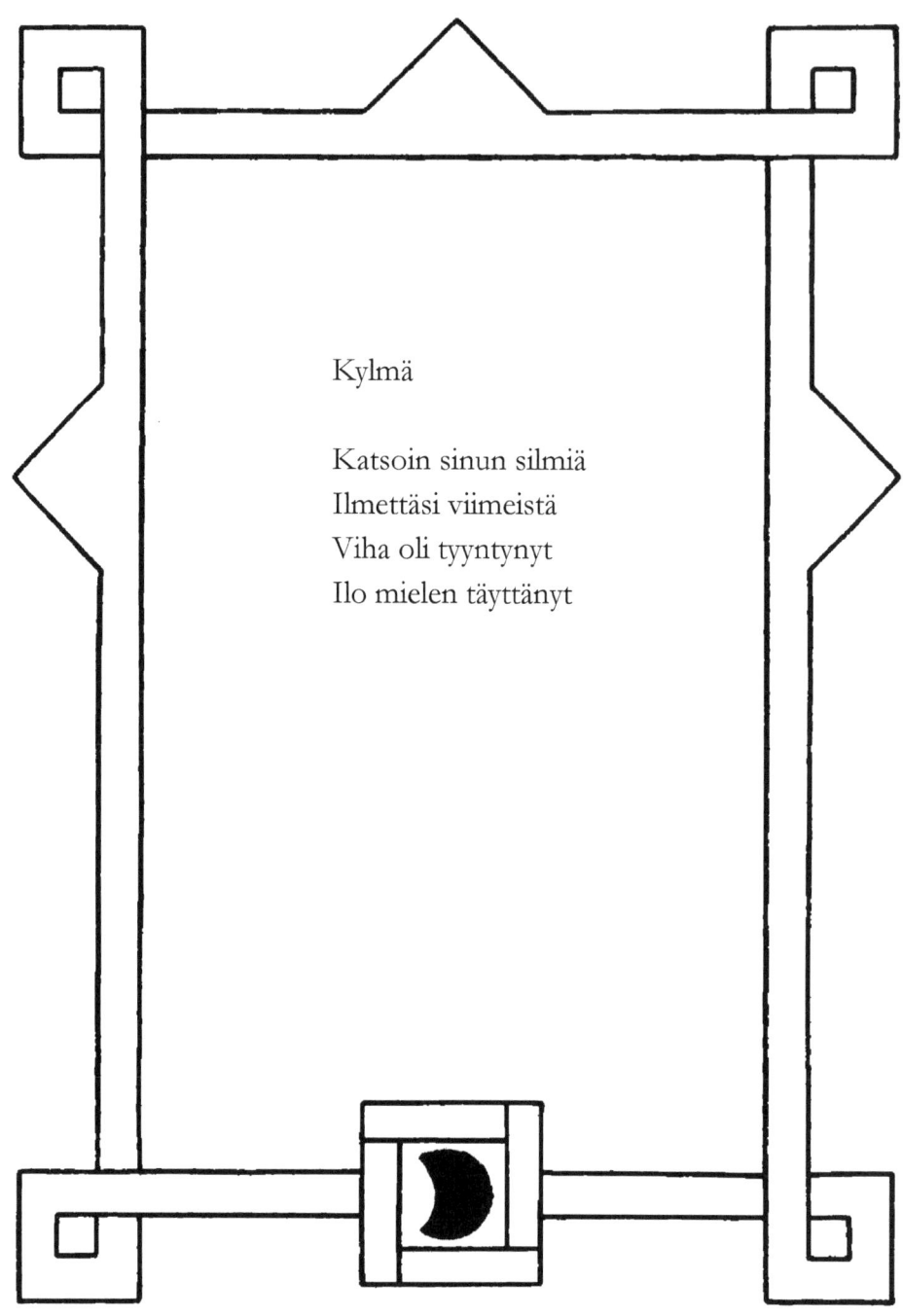

Kylmä

Katsoin sinun silmiä
Ilmettäsi viimeistä
Viha oli tyyntynyt
Ilo mielen täyttänyt

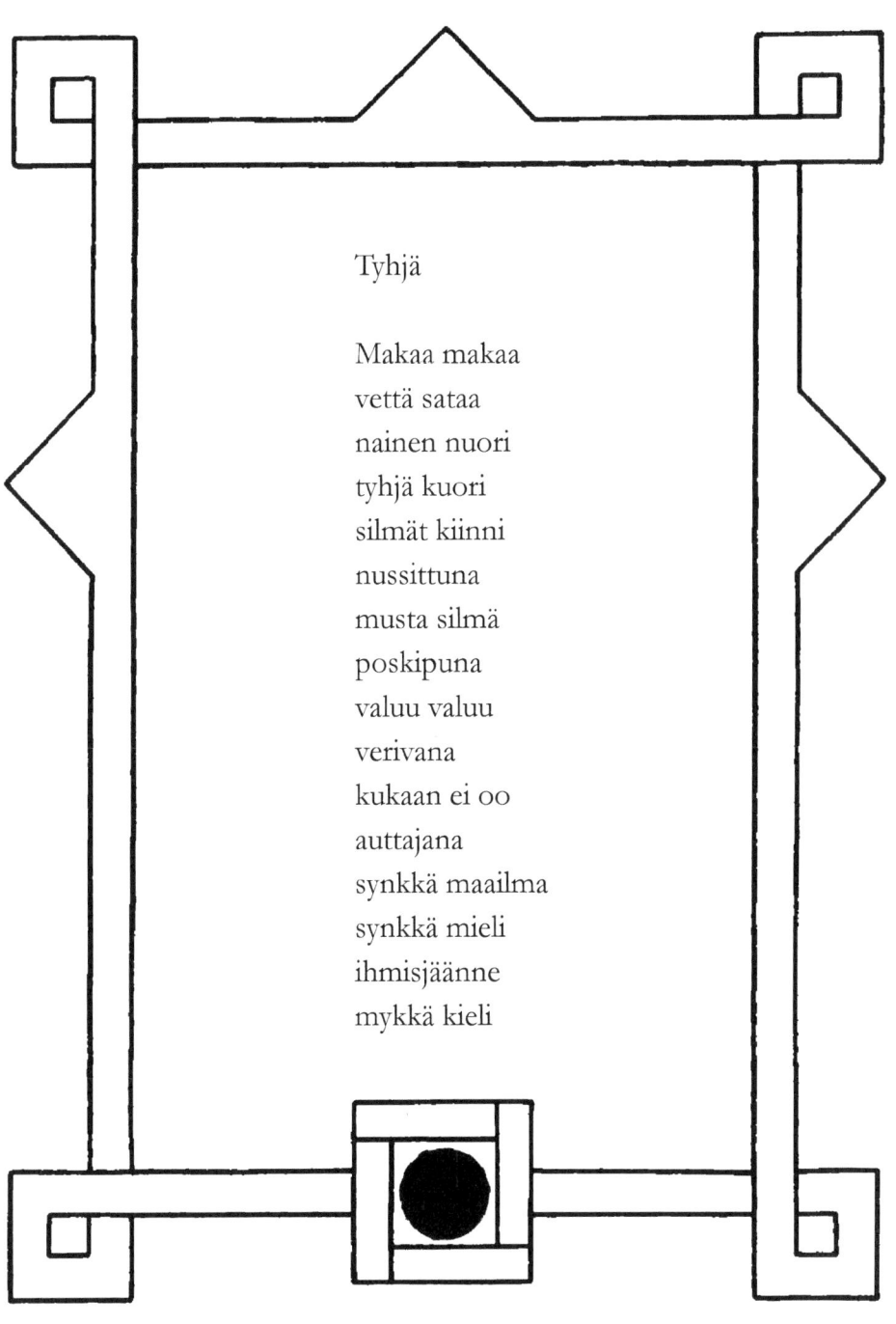

Tyhjä

Makaa makaa
vettä sataa
nainen nuori
tyhjä kuori
silmät kiinni
nussittuna
musta silmä
poskipuna
valuu valuu
verivana
kukaan ei oo
auttajana
synkkä maailma
synkkä mieli
ihmisjäänne
mykkä kieli

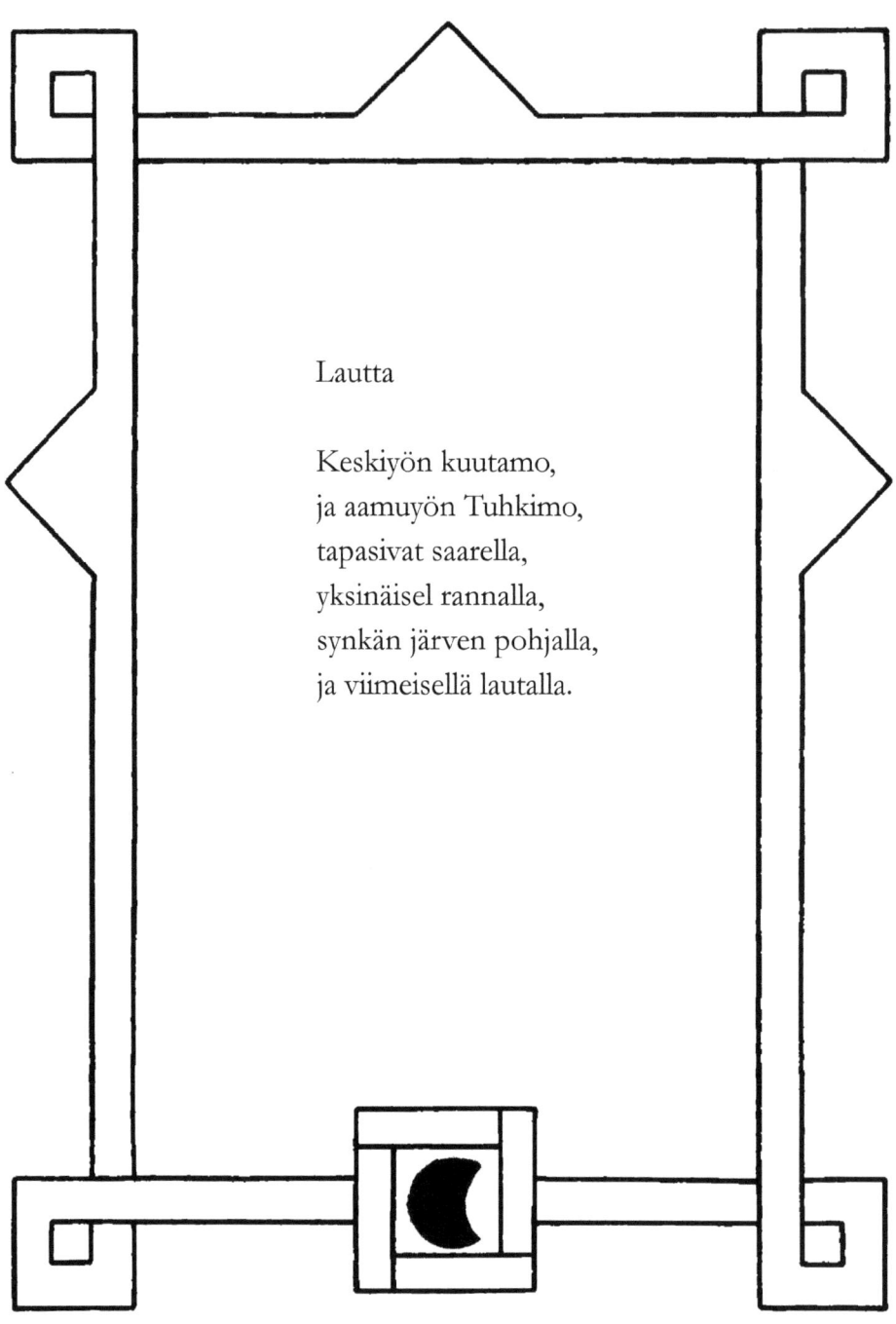

Lautta

Keskiyön kuutamo,
ja aamuyön Tuhkimo,
tapasivat saarella,
yksinäisel rannalla,
synkän järven pohjalla,
ja viimeisellä lautalla.

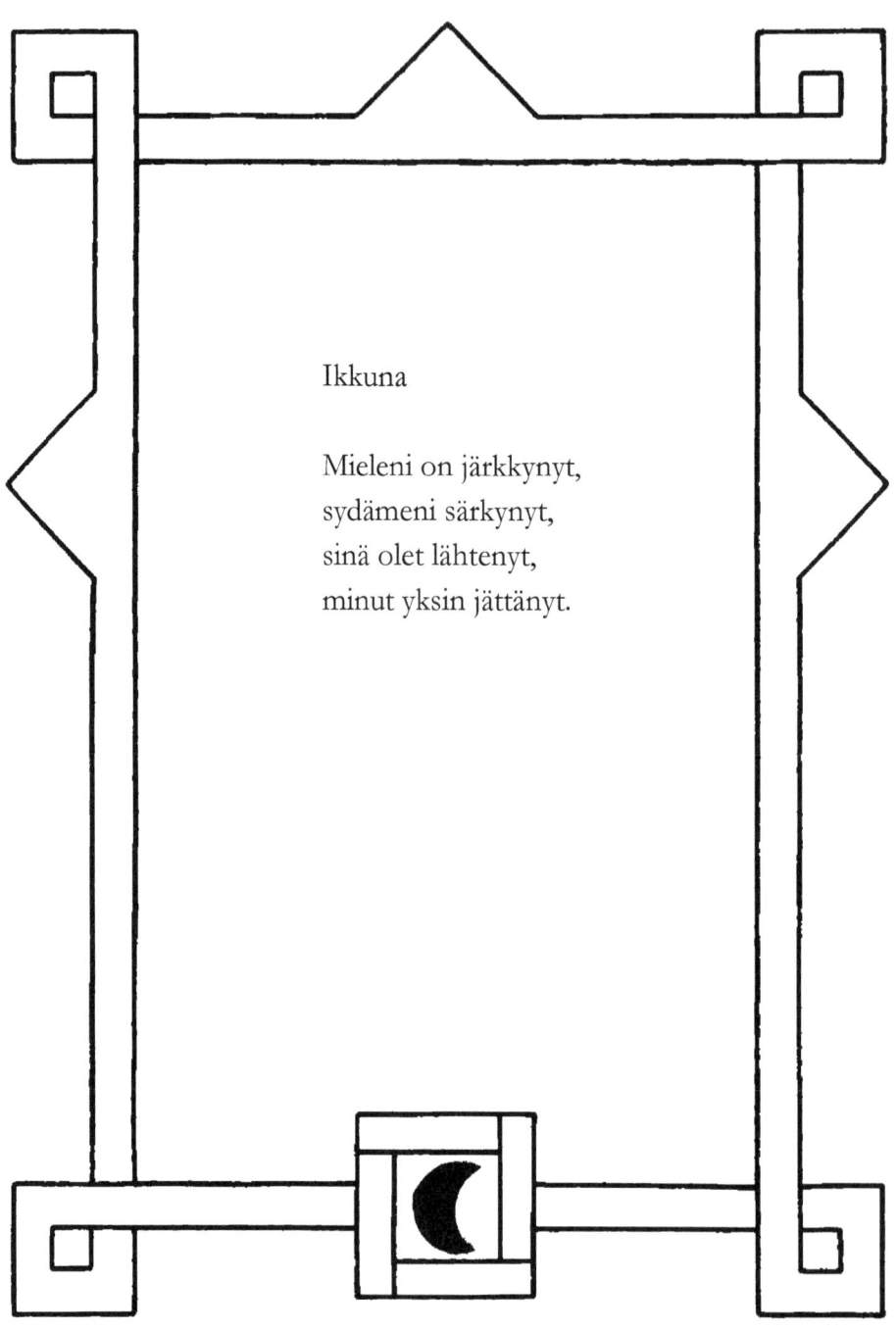

Ikkuna

Mieleni on järkkynyt,
sydämeni särkynyt,
sinä olet lähtenyt,
minut yksin jättänyt.

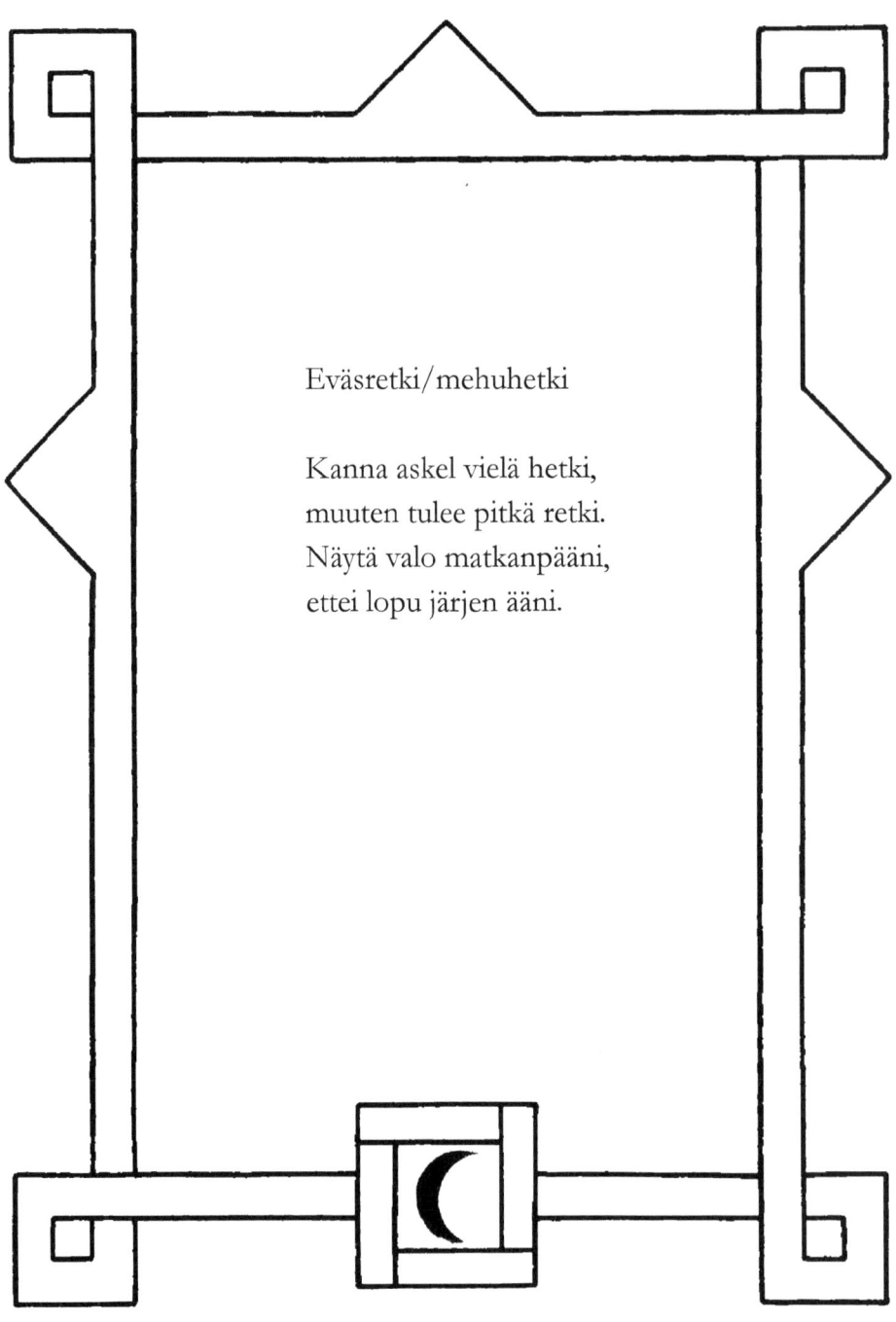

Eväsretki/mehuhetki

Kanna askel vielä hetki,
muuten tulee pitkä retki.
Näytä valo matkanpääni,
ettei lopu järjen ääni.

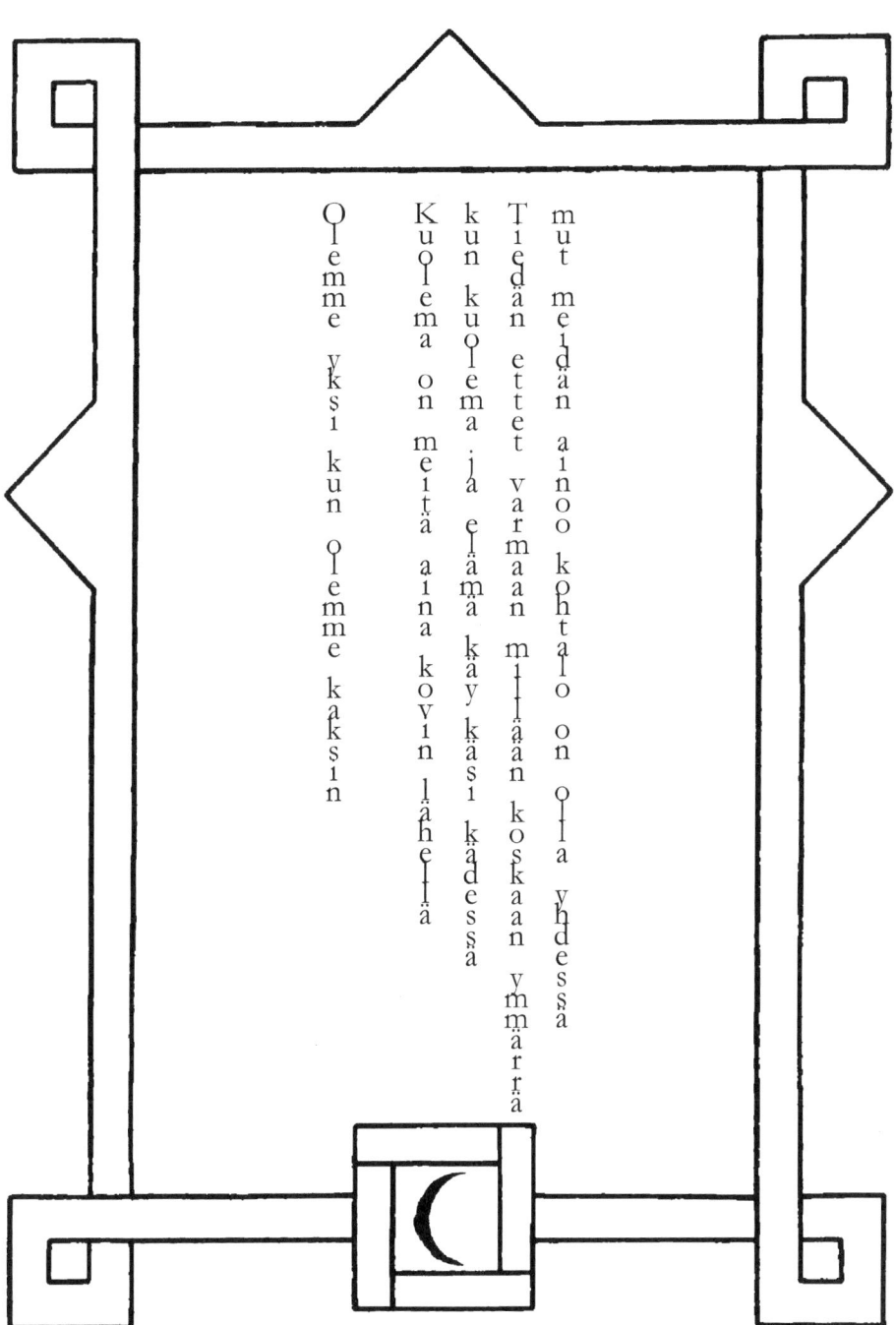

Olemme yksi kun olemme kaksin

Kuolema on meitä aina kovin lähellä

kun kuolema ja elämä käy käsi kädessä

Tiedän ettet varmaan milloin koskaan ymmärrä

mut meidän ainoo kohtalo on olla yhdessä

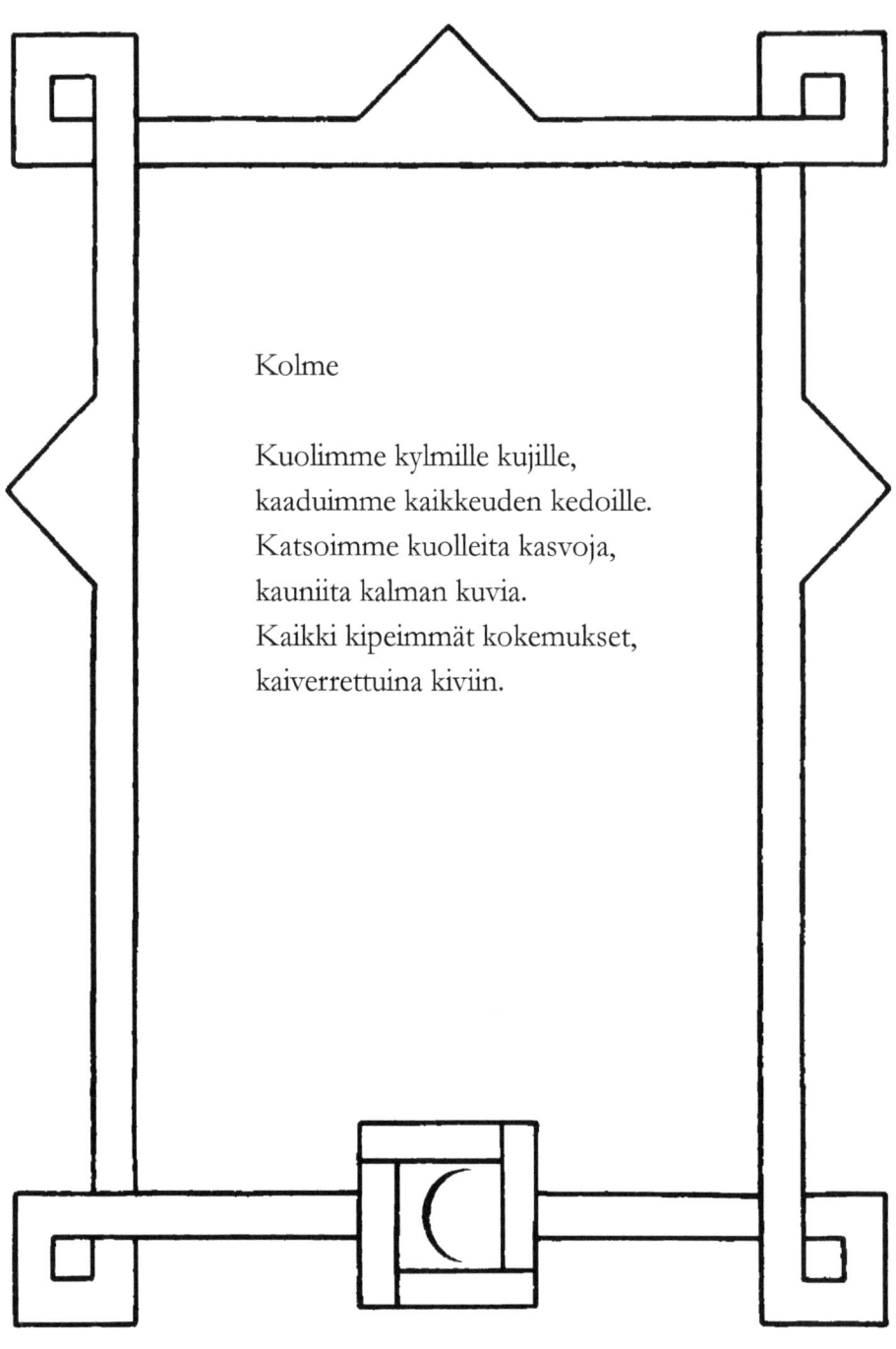

Kolme

Kuolimme kylmille kujille,
kaaduimme kaikkeuden kedoille.
Katsoimme kuolleita kasvoja,
kauniita kalman kuvia.
Kaikki kipeimmät kokemukset,
kaiverrettuina kiviin.

Loppu

Kaikki sanat kadotettu,
käytetty tai unohdettu,
ei puhetta, ei turhuutta,
ei enää mistään puutetta.